TRAITÉ

DE

COMPTABILITÉ AGRICOLE

CONTENANT

UN EXEMPLE DE LA TENUE DES LIVRES

PENDANT UNE ANNÉE

PAR

J.-P. MIGNOT

PROFESSEUR DE COMPTABILITÉ AGRICOLE

AGENT COMPTABLE DE L'ÉCOLE NATIONALE D'AGRICULTURE

DE MONTPELLIER

AF402552

BIBLIOTHÈQUE PUBLIQUE (MONTBÉLIARD)

PARIS	**MONTPELLIER**
Librairie agricole de la Maison Rustique	Librairie C. COULET
26, rue Jacob, 26	5, Grand'Rue, 5

1885

TOUS DROITS RÉSERVÉS

TRAITÉ

DE

COMPTABILITÉ AGRICOLE

AVANT-PROPOS

L'exploitation du sol est une industrie complexe, qui fournit des produits très-variés. Les spéculations qui lui sont particulières peuvent changer avec les conditions diverses dans lesquelles elle s'exerce; mais, dans aucun cas, il n'est possible de bien les apprécier sans tenir compte des avances qu'elles nécessitent et de la valeur effective des denrées qui sont récoltées.

Quoique les opérations de l'agriculture ne soient pas, à cause de leur complexité, aussi faciles à analyser que celles des autres entreprises, cela ne suffit pas, croyons-nous, pour que l'on doive renoncer à prendre note de toutes les particularités qui peuvent servir à les apprécier. Au contraire, c'est parce que les détails de la production agricole sont très-nombreux et très-variés qu'il importe beaucoup de les enregistrer et de les classer, afin de pouvoir attribuer à chaque branche de l'exploitation la part qui lui revient dans le résultat général auquel elle a concouru.

Lorsque les spéculations entreprises dans l'exploitation d'un domaine auront été l'objet d'une analyse spéciale, qui fera ressortir clairement, pour chacune d'elles, la dépense faite et le produit obtenu, on sera en possession des éléments nécessaires pour apprécier la valeur de toutes les opérations exécutées. Dans le cas contraire, c'est-à-dire lorsqu'on n'aura rien noté ni rien observé, on sera forcé d'accepter les faits acquis, sans pouvoir faire une distinction sérieuse entre ceux qui ont été profitables à l'entreprise et ceux qui ont occasionné des déceptions.

L'agriculteur, comme l'industriel, a besoin de tenir compte de tous les faits comptables qui peuvent éclairer sa marche et lui permettre de faire un choix raisonné des spéculations auxquelles il peut se livrer ; la comptabilité est pour lui un véritable élément de succès, sans lequel il lui est impossible d'obtenir tous les résultats que comporte une situation agricole déterminée.

Pour noter tous les faits comptables qu'il importe de recueillir dans l'administration d'une ferme, il est nécessaire que l'agriculteur possède des notions de comptabilité, c'est-à-dire qu'il sache classer lui-même ces faits, pour en tirer les conséquences qui doivent lui permettre d'apprécier la réussite ou l'insuccès de ses travaux. Si l'art du comptable lui est complétement inconnu, il est incapable d'établir un système de comptabilité qui lui fournisse toutes les indications utiles à la bonne marche de son entreprise ; il est très-exposé à être mal renseigné, s'il confie à un teneur de livres, ordinairement étranger aux choses de l'agriculture, le soin de déterminer le classement des opérations qu'il va exécuter. Ce classement, qui est la base de toute comptabilité agricole, doit nécessairement être établi par l'exploitant lui-même, sous peine d'être mal compris, mal organisé.

Pour toutes ces raisons, la comptabilité forme une partie importante du service administratif d'une ferme, et doit être comprise dans l'ensemble des connaissances nécessaires à celui qui est chargé de la diriger. Si l'on voit des agriculteurs faisant de bonnes affaires sans le secours de la comptabilité, cela ne veut pas dire que l'analyse raisonnée de leurs opérations ne serait pour eux d'aucune utilité ; cela ne veut pas dire non plus que ceux qui ne réalisent que de faibles bénéfices, ou qui retirent de leurs travaux à peine les ressources nécessaires à l'entretien de leur famille, ne verraient pas leur situation s'améliorer s'ils pouvaient mettre à profit les indications fournies par une comptabilité bien faite. Et que dire de ceux qui finissent par trouver leur ruine dans les entreprises agricoles, si ce n'est qu'ils pourraient s'arrêter à temps, lorsqu'une comptabilité bien tenue leur ferait connaître la mauvaise voie dans laquelle ils sont engagés?

Cela est incontestable, dans une entreprise quelconque, et en agriculture, principalement, l'ordre, la clarté et le contrôle, sont des éléments de réussite qu'on ne doit jamais négliger. Pour en profiter, la tenue d'une comptabilité est indispensable, et le travail qu'elle occasionne est certainement bien payé.

Lorsqu'elle est bien comprise et bien organisée, la comptabilité de la ferme ne constitue pas, nous en avons l'expérience, une occupation considérable, et c'est à tort que la plupart des agriculteurs se privent des services qu'elle leur rendrait. Avec des registres bien appropriés à leur usage, il est très-facile de recueillir tous les faits essentiels à noter pour établir les prix de production des denrées agricoles, et de les comparer à ceux qui sont réalisés.

COMPTABILITÉ

AGRICOLE

PRINCIPES GÉNÉRAUX

La comptabilité doit être sincère pour être utile ; ce qui revient à dire qu'elle doit être faite avec des chiffres positifs, très-régulièrement constatés. Ce n'est qu'à cette condition qu'elle peut faire ressortir exactement les résultats des opérations qu'elle a enregistrées.

Quelle que soit la méthode suivie pour l'établir, la comptabilité ne peut fournir des indications utiles à l'agriculteur que lorsqu'elle est faite sans idée préconçue. Il faut bien se garder d'avoir un parti pris dans l'établissement des comptes, quels qu'ils soient, si l'on veut éviter les erreurs d'appréciation résultant de l'emploi de chiffres supérieurs ou inférieurs à ceux que la réalité doit seule faire admettre. Lorsque, par exemple, on fait des comptes de prévision, il faut bien prendre garde d'employer des chiffres que la pratique ne pourrait ensuite sanctionner, parce qu'on obtiendrait alors, très-facilement, des indications erronées, plutôt nuisibles qu'utiles.

Dans toute autre circonstance, la comptabilité agricole ne saurait non plus fournir de bons renseignements, si elle était faite avec des chiffres représentant, les uns des prix commerciaux, les autres des fictions, quelques-uns des prix de revient mal déterminés, et quelques autres des moyennes résultant de données étrangères à l'exploitation.

Tout cet amalgame de chiffres, puisés à des sources différentes, ne pourrait servir qu'à faire des comptes n'ayant aucune utilité pratique, très-dangereux pour celui qui voudrait s'y fier.

Pour faire une comptabilité sincère et véritable, il est indispensable de prendre les chiffres sur le *fait*. Ce n'est qu'en opérant ainsi qu'ils peuvent représenter, aussi exactement que possible, les détails des opérations auxquelles ils se rapportent. Les valeurs que ces chiffres représentent sont dites *valeurs comptables*.

A cause de leur grande importance dans l'établissement d'une comptabilité agricole, nous allons nous occuper, d'une manière particulière, des principes qui doivent servir de guide dans leur détermination.

DÉTERMINATION

DES VALEURS COMPTABLES

Toute la comptabilité agricole est, on peut l'affirmer, dans la détermination des valeurs comptables. Lorsque ces valeurs sont connues, leur inscription dans les livres de la comptabilité n'est plus qu'une affaire de mécanisme tout à fait simple, très-facile à appliquer.

Pour déterminer d'une manière sérieuse les valeurs mises en jeu dans l'exploitation d'un domaine, on doit, nous le répétons, se baser sur la réalité des faits, et laisser de côté toutes les appréciations résultant de calculs ou de suppositions plus ou moins bien imaginés. L'agriculteur, comme l'industriel, ne peut obtenir la mesure des résultats de ses opérations qu'en comparant la somme réelle des frais qu'il a faits pour chacune d'elles avec la valeur des produits qu'il en a obtenus.

Quelle que soit la valeur intrinsèque des produits de l'industrie agricole, ils ne peuvent payer les dépenses auxquelles ils ont donné lieu que par le prix qui leur est attribué lorsqu'ils sont employés à satisfaire les besoins de la consommation, c'est-à-dire lorsqu'ils sont échangés. C'est là un fait auquel l'agriculteur ne peut se soustraire et qu'il doit, forcément, prendre pour base d'appréciation du résultat de ses travaux.

Une remarque importante à faire, c'est que, dans l'industrie agricole, la plupart des matières premières avec lesquelles on opère ne sont autre chose que des produits de cette même industrie ; il est même impossible à l'agriculture d'échapper à cette situation qui lui est particulière, parce qu'elle ne pourrait pas trouver, en dehors de la ferme, la plus grande partie des substances dont elle a besoin pour la marche régulière de ses opérations

Cette nécessité dans laquelle se trouve la production agricole de se suffire à elle-même, au point de vue des principaux éléments de transformation dont elle a besoin, a presque toujours occasionné une véritable confusion dans la détermination des valeurs comptables en agriculture, et formé un obstacle sérieux à l'analyse raisonnée des opérations qu'elle comporte. Pour apprécier d'une manière rationnelle et réellement utile les faits de la production et de l'utilisation des matières premières employées dans l'exploitation d'un domaine, il faut :

1° *Que toute matière produite et consommée dans la ferme soit évaluée à son* **prix de revient**, *lorsqu'elle n'est pas un* **produit fini**, *c'est-à-dire lorsqu'elle a besoin d'être transformée pour acquérir une valeur appréciable sur le marché ;*

2° *Que toute matière produite et consommée dans la ferme soit évaluée au prix qui aurait pu être réalisé par* **sa vente**, *toutes les fois que cette matière constitue un produit susceptible d'être échangé.*

Lorsqu'elles sont déterminées d'après ces bases, les valeurs comptables représentent des faits positifs, et les comptes qu'elles servent à établir fournissent des indications utiles, parce qu'elles sont l'expression de la réalité. Contrairement, lorsque la valeur des matières de transformation est déterminée d'une manière arbitraire, en adoptant des chiffres dont la vérification est impossible, la comptabilité agricole fait ressortir inévitablement des résultats fictifs d'une valeur très-contestable, surtout au point de vue des déductions à en tirer. On devrait même dire que les indications fournies par les comptes établis avec ce procédé d'évaluation sont sans valeur aucune, et ne peuvent qu'induire en erreur celui qui voudrait les utiliser. D'autre part, il ne faut pas faire consister l'utilité des écritures comptables dans la détermination des résultats acquis et plus ou moins bien constatés dans le cours d'une année; si ce n'était que cela, en comparant son *capital net* au 1er janvier et au 31 décembre du même exercice, un agriculteur saurait toujours combien il a gagné ou perdu pendant ce laps de temps. Mais la comptabilité agricole a un but plus important et plus élevé : elle doit servir à faire la distinction entre les opérations avantageuses et celles qui ne rapportent rien ou qui occasionnent des pertes, de manière à servir de guide à l'exploitant en lui faisant connaître les spéculations qui lui permettent de tirer le meilleur parti possible des éléments de production dont il dispose dans son entreprise.

Un avantage incontestable de l'emploi des prix commerciaux pour déterminer la valeur comptable de toute matière produite dans la ferme et susceptible d'être échangée, c'est qu'on arrive, avec ce procédé, à n'avoir dans les écritures de la comptabilité que des chiffres dont la vérification est facile et dont l'exactitude ne peut être contestée. Au surplus, cette manière d'opérer, qui est très-facile à mettre en pratique, permet d'obtenir des prix de revient sérieusement déterminés, lorsqu'il s'agit d'apprécier la valeur des matières premières dont l'échange ne pourrait être réalisé.

Lorsque tous les comptes qui composent une comptabilité ont été établis d'après cette méthode de détermination des valeurs comptables, ils font ressortir des résultats qui sont tous comparables, et desquels on peut sûrement déduire les conséquences économiques résultant des faits agricoles que ces comptes ont servi à enregistrer. Mais c'est surtout pour l'appréciation des résultats obtenus par la production des matières de transformation qu'il importe beaucoup de ne pas faire usage de prix fictifs, avec lesquels il est impossible d'arriver à une analyse sérieuse des opérations exécutées ; car, en fait de fictions, il ne peut exister aucune base certaine sur laquelle on puisse s'appuyer pour éviter les erreurs d'appréciation des faits comptables que l'on a ainsi voulu constater.

Les principales matières produites dans une ferme, et employées à la fabrication des produits utiles au fonctionnement régulier des différentes branches de l'exploitation, sont les fourrages, les pailles et le fumier, celui-ci n'étant que le résultat de la transformation de ceux-là par des machines animées : le bétail. De telle sorte que bétail, fourrages, pailles et fumier, forment un ensemble dont le concours est indispensable à l'industrie agricole, et que nous allons examiner dans ses détails pour mieux l'apprécier.

BÉTAIL

Au point de vue comptable, le bétail d'une ferme constitue une valeur qui fait partie du capital d'exploitation. Le chiffre par lequel il y est représenté peut varier beaucoup, suivant les situations culturales que l'on considère, mais il ne peut que très-rarement, pour ne pas dire jamais, être supprimé.

Si la culture sans bétail n'est guère possible, au moins dans nos pays, le bétail sans culture n'est également qu'une rare exception. Il joue presque toujours un rôle assez complexe dans la production agricole, et son action est généralement suffisante pour influencer d'une manière sérieuse le résultat fourni par l'ensemble de toutes les opérations.

Lorsqu'on veut se rendre compte de l'action du cheptel vivant sur le résultat général d'une exploitation rurale, il est indispensable de connaître le capital que ce cheptel représente et de déterminer le total des frais occasionnés par son entretien. Dans le même but, il faut aussi noter avec beaucoup de soin tous les produits qu'on en retire, parce qu'ils doivent être déduits des dépenses faites pour les obtenir.

Qu'ils soient destinés à fournir du travail, de la viande, du lait, ou des sujets d'élevage, tous les animaux de la ferme fournissent du fumier que l'agriculture emploie, et qui est pour elle une matière de première nécessité. Cet engrais, qu'on peut parfois remplacer en partie, bien rarement en totalité, par des matières fertilisantes livrées par l'industrie, représente des produits du sol transformés pour les besoins de la culture, et constitue ainsi un lien économique entre les productions végétale et animale, que la comptabilité peut seule permettre de bien analyser.

Dans ce but, nous allons exposer quelles sont les considérations qui, à notre avis, doivent guider un agriculteur dans la détermination de la valeur comptable des fourrages qu'il cultive pour l'entretien du bétail dont il a besoin.

FOURRAGES

La production fourragère joue un rôle d'une très-grande importance dans l'exploitation du sol: elle facilite considérablement l'alternance des cultures et fournit les moyens de restituer au sol la plus grande partie des éléments que les récoltes lui enlèvent au profit de la consommation. De plus, il est bien constaté qu'à mesure que la production fourragère prend du développement, les produits des autres plantes cultivées, des céréales, par exemple, deviennent plus considérables, malgré la réduction de leur surface au bénéfice des cultures fourragères qui leur sont associées.

Les résultats obtenus par le développement des cultures fourragères sont notablement influencés par les moyens employés pour transformer les fourrages en engrais. Cette transformation, qui est faite par les animaux entretenus dans la ferme, produit un engrais d'autant meilleur que ces animaux sont mieux nourris et mieux soignés. Il n'est aucun agriculteur qui n'ait pu observer que l'engrais obtenu avec une alimentation riche et abondante est supérieur à celui qui provient d'animaux nourris avec des fourrages de valeur médiocre, distribués avec parcimonie.

Une autre conséquence résultant du développement des cultures fourragères, c'est que, tout en augmentant les produits des autres cultures, ce système d'exploitation du sol fournit, en même temps, la possibilité de bien nourrir les animaux entretenus dans la ferme et d'en retirer, en plus du fumier, une forte somme de produits.

Mais il ne suffit pas, pour réussir, de savoir qu'avec une production fourragère abondante on obtient du sol des produits aussi élevés que possible, eu égard à sa nature et aux soins culturaux qui lui ont été donnés ; il faut encore que ces fourrages soient obtenus dans des conditions qui permettent de les employer avec avantage, c'est-à-dire avec profit. La culture à gros produits, ou culture intensive, ne convient pas à toutes les conditions où s'exerce l'industrie de l'exploitation du sol. Une foule de circonstances peuvent s'opposer à sa réussite. Dans tous les cas, c'est toujours par l'étude des résultats obtenus qu'il est possible de juger dans quelles limites elle peut convenir à une situation agricole déterminée. En d'autres termes, c'est par l'analyse des opérations qu'elle comporte et des capitaux qu'elle exige, qu'on peut se rendre compte des avantages qu'elle permet de réaliser dans certains cas, et des déceptions qu'elle occasionne dans d'autres. En fournissant la possibilité d'obtenir une grande quantité de produits sur une surface déterminée, cette culture occasionne une consommation considérable des éléments de fertilité du sol auquel elle s'applique, de même qu'elle a besoin du concours d'une somme de capitaux en rapport avec l'importance des opérations qu'elle nécessite.

Pour bien juger de l'utilité d'une culture à gros produits, il faut nécessairement se rendre compte si les éléments de production, ou matières premières qui lui sont indispensables, produisent des résultats suffisamment avantageux pour que l'exploitant soit convenablement rétribué des frais qu'il fait pour les obtenir. Il peut se faire qu'il ait quelquefois intérêt à s'adresser à des sources étrangères à son exploitation pour se les procurer ; cela dépend des circonstances dans lesquelles il se trouve, et qu'il ne peut bien apprécier qu'en se rendant compte des frais qu'il doit faire pour les produire et de ceux que leur achat lui occasionnerait.

Avec la culture extensive, c'est-à-dire celle où l'exploitation du sol se fait en grande partie par la mise en action des forces productrices que la terre possède naturellement, les frais né-cessités par l'entretien des éléments de production sont moins considérables que dans la culture intensive, mais aussi les produits obtenus sont moindres, ce qui fait que le résultat final de l'entreprise se chiffre toujours par des sommes moins éle-vées. Par contre, cette culture n'expose pas l'exploitant à des pertes aussi rapidement ruineuses que celles qui peuvent ré-sulter de la culture à gros produits, et quelquefois, assez sou-vent même, les capitaux dont elle a besoin rapportent un in-térêt dont le taux est plus élevé que celui des capitaux em-ployés à obtenir des produits plus considérables, mais dont le prix de revient se rapproche davantage de celui qui sera réa-lisé.

Quel que soit le système suivi, l'exploitation du sol exige toujours la mise en action d'une certaine somme de valeurs qui doit être entretenue par la réalisation des produits de la culture, faute de quoi l'entreprise ne peut se poursuivre, parce que l'exploitant ne tarde pas à être ruiné. Pour continuer uti-lement son œuvre, il est même nécessaire qu'il fasse quelques bénéfices ; car, s'il ne faisait jamais de provisions, il lui serait impossible de supporter les accidents de production qui peu-vent lui arriver.

En agriculture, le gain est généralement assez faible ; ce-pendant on trouve facilement des exploitants qui réalisent de sérieux bénéfices, ou qui parviennent même à se créer un avoir quelquefois assez élevé. Ceux-là, non-seulement ont été labo-rieux, mais encore ils ont su mettre en harmonie les avances à faire pour l'exploitation du sol avec les produits qu'ils en obtiennent. Ce n'est, du reste, qu'à cette condition qu'il est possible de faire de la culture rémunératrice, de la culture avec profit.

Les avances à faire pour l'exploitation d'un domaine sont très-nombreuses ; celles que nous nous sommes proposé d'exa-miner en ce moment se rapportent uniquement à la produc-tion des fourrages, en comprenant sous cette dénomination toutes les plantes cultivées dans le but de pourvoir à l'entre-tien de la fertilité des terres.

Quelques-unes de ces plantes fourragères, telles que le foin, la luzerne, et dans certains cas le trèfle et le sainfoin, peuvent être cultivés pour fournir un produit de vente. Les deux premières, surtout, peuvent être toujours livrées très-facilement au commerce, qui les paye généralement assez bien.

Les fourrages qu'on ne fait pas dessécher ne sont jamais vendus ; ils sont consommés par les animaux de la ferme. Il en est généralement de même des plantes-racines, telles que les carottes, les navets et les betteraves.

Les frais de production et d'utilisation de toutes ces plantes alimentaires ne peuvent être couverts que par les produits que fournissent les animaux qui les consomment, et par l'engrais qui résulte de cette consommation. Si les produits du bétail avaient une valeur suffisante pour solder tous ces frais, le fumier obtenu représenterait un bénéfice dont la réalisation aurait lieu par les récoltes, c'est-à-dire après sa transformation en produits du sol. Dans le cas contraire, la fraction de frais que le fumier représente, et dont l'importance est quelquefois assez élevée, doit être portée en dépense aux comptes des cultures qui en ont profité.

Suivant les conditions dans lesquelles se trouve placé un domaine, il peut y avoir avantage à ne pas convertir en fumier tous les fourrages récoltés. Lorsque leur vente est facile et qu'on a la possibilité d'acheter l'engrais que leur consommation produirait dans la ferme, on peut, généralement, réaliser un bénéfice résultant de la différence entre la valeur des fourrages vendus et celle du fumier acheté.

Quel que soit le procédé suivi pour se procurer l'engrais employé à titre d'avance faite au sol pour la production des récoltes, on ne peut se rendre compte de la réussite de cette importante opération qu'en déterminant, aussi exactement que possible, toutes les dépenses qu'elle entraîne, pour les comparer aux résultats obtenus. Lorsque l'utilisation des fourrages n'est possible que par leur consommation avec des animaux entretenus dans la ferme, ils ne doivent être comptés dans la dépense de fabrication du fumier que pour les frais qu'ils ont coûté à produire, c'est-à-dire pour leur *prix de revient*.

Au contraire, ceux qui pourraient fournir une recette en les livrant au commerce doivent être comptés pour la valeur que leur vente permettrait de réaliser. Leur *prix commercial* est, dans ce cas, la seule base rationnelle qui doive servir de guide pour déterminer s'il y a avantage à les faire consommer dans la ferme ou à les porter au marché.

En résumé, pour bien apprécier les résultats fournis par les cultures fourragères, il faut tenir compte des frais qu'elles occasionnent, du prix que l'on pourrait retirer de la vente de quelques-uns des fourrages récoltés, du capital représenté par les animaux qui les transforment en fumier et des produits que ces animaux fournissent. Lorsqu'on néglige de se procurer ces éléments essentiels d'appréciation, il est impossible de se rendre compte si l'on suit une bonne ou mauvaise voie, c'est-à-dire si les plantes fourragères que l'on cultive fournissent des résultats avantageux.

Une comptabilité bien tenue est, à ce point de vue, d'une utilité incontestable; ce n'est même qu'avec son aide qu'il est possible d'analyser utilement toutes les opérations qui se font dans une ferme, celles relatives à la production et à l'utilisation des fourrages, particulièrement.

PATURAGES

La valeur de l'herbe consommée sur place, c'est-à-dire dans les pâturages, peut être déterminée, soit en tenant compte des produits fournis par les animaux qui en profitent, soit en évaluant la quantité de nourriture qu'il faudrait donner à ces mêmes animaux s'ils étaient nourris à l'étable.

Lorsque les pâturages sont susceptibles de fournir un fourrage assez abondant pour être récolté à la faux, il est facile de se rendre compte du produit qu'ils fournissent sur une surface déterminée et, par suite, de connaître la quantité de nourriture consommée par le bétail qui y est envoyé. Dans cette circonstance, cette nourriture n'étant autre chose que du fourrage vert, son prix doit être déterminé par les frais qui ont été faits pour l'obtenir. En d'autres termes, c'est le total des dépenses qui ont été faites pour l'entretien de ces pâturages qui sert à établir le prix de revient de la nourriture qu'ils ont fournie.

Il y a beaucoup de pâturages qui produisent une herbe dont il est impossible d'apprécier la quantité, comme, par exemple, ceux qui sont fournis par les terrains vagues ou les friches, que les moutons peuvent seuls utiliser. On peut encore ajouter l'herbe des prairies qui ne peuvent fournir un regain fauchable, et celle qui pousse plus tard dans les prés à deux coupes, lorsque la dernière a été récoltée. Pour ces deux sortes de pâturage, il n'y a que les produits fournis par les animaux qui en profitent qu'on puisse prendre pour base de détermination de leur valeur, déduction faite des frais assez insignifiants,— les frais de garde,— occasionnés par leur utilisation.

Quoique ces pâturages ne soient pas, en général, suffisants pour nourrir régulièrement un bétail d'une valeur considérable, ils sont d'un très-grand secours dans une foule de circonstances, et on peut dire que c'est presque toujours par eux que la plupart des éleveurs parviennent à réaliser des bénéfices sérieux avec les troupeaux qu'ils entretiennent.

En résumé, si la manière d'apprécier la valeur des pâturages peut varier avec leur nature et l'importance des produits qu'ils fournissent, il n'y a qu'un seul moyen rationnel d'arriver à un résultat exact: c'est de savoir à combien s'élèvent les frais de leur entretien et de leur utilisation, quelque faibles que ces frais puissent être.

PAILLES

Les pailles d'une exploitation rurale constituent le produit secondaire des plantes cultivées pour leur graine. Ce sont les céréales qui les fournissent en majeure partie, pour ne pas dire en totalité ; celles des autres plantes récoltées après leur maturité n'ont, en général, qu'une valeur presque insignifiante, que l'on peut facilement négliger.

L'utilisation des pailles récoltées dans un domaine est étroitement liée à celle des fourrages que ce domaine a produits. Il ne serait pas possible d'entretenir des animaux avec de la paille seulement, et, sans son concours, les fourrages seraient très-souvent mal utilisés : la litière est indispensable pour le plus grand nombre des espèces animales domestiques, et d'une utilité indéniable pour la fabrication du fumier.

En conséquence, si des circonstances particulières à l'exploitation d'un domaine rendent avantageuse la vente d'une partie des fourrages que ce domaine produit, il s'ensuit que la quantité de paille qui serait nécessaire pour faire consommer dans la ferme les fourrages exportés peut et doit même être livrée au commerce, si l'on veut en tirer le meilleur parti. Au reste, il est bien reconnu que, dans le plus grand nombre des conditions économiques où s'exerce l'exploitation du sol, la vente des fourrages et des pailles serait toujours avantageuse, si l'on pouvait facilement se procurer le fumier que leur consommation permet de fabriquer.

Aujourd'hui, les raisons qui s'opposent à la vente des fourrages et des pailles ne proviennent pas, du moins dans un très-grand nombre de cas, des difficultés relatives au transport de ces denrées, parce que les voies ferrées et les presses à fourrage permettent de les faire circuler avec une assez grande facilité. L'obstacle le plus difficile à surmonter, c'est le remplacement du fumier que ces matières produisent dans la ferme, lorsqu'elles y sont consommées. Aussi, dans un grand nombre de circonstances, les fourrages et les pailles ne peuvent être livrés au commerce, parce qu'il est indispensable de les faire consommer sur place pour fabriquer l'engrais nécessaire à l'entretien de la fertilité des terres cultivées.

Cette situation étant admise, et il n'est guère possible de la contester, s'ensuit-il que l'agriculteur ne doive pas tenir compte de la valeur des pailles que le commerce lui aurait achetées, s'il avait pu en disposer ? Nous ne le pensons pas, par la raison qu'il est d'un très-grand intérêt pour lui de connaître la mesure des difficultés de son entreprise, afin de chercher, en connaissance de cause, les moyens d'en amoindrir la portée. En acceptant pour prix de ses pailles celui que le commerce lui aurait payé, l'exploitant n'augmente ni ne diminue en rien le résultat final de son entreprise, mais il a l'avantage de pouvoir se rendre un compte exact des faits tels qu'ils se produisent dans les conditions économiques de son exploitation.

Dans les localités où les transports sont encore assez diffi-

ciles pour enlever aux exploitants la possibilité de tirer parti
de leurs pailles autrement qu'en les faisant consommer dans
la ferme, le prix de cette denrée ne peut être sérieusement
évalué, et on ne doit la considérer que comme un supplément
de récolte qui a besoin d'être transformé pour qu'on puisse
définitivement l'utiliser. Cela revient à dire que, dans ces conditions, les pailles n'ont qu'une valeur intrinsèque, que la comptabilité ne peut enregistrer; mais les animaux qui les utili-
sent fournissent alors un fumier dont le prix de revient est peu
élevé, et les récoltes ont, par ce fait, une moins grande somme
de frais de production à supporter.

ENGRAIS

L'engrais, sous toutes ses formes, est un élément indispensable de la production agricole; il ne serait pas possible de
supprimer son emploi sans arriver à la stérilité du sol, qui de-
viendrait alors incapable de fournir des produits suffisants
pour payer les frais de sa culture.

Les engrais employés en agriculture sont nombreux et très-
variés; mais, au point de vue comptable, on peut les ranger
tous en trois catégories, basées sur leur provenance :

1° L'engrais de ferme, ou fumier;

2° Les engrais culturaux, ou engrais verts;

3° Les engrais commerciaux.

Au point de vue agricole, ces engrais n'ayant pas tous la
même valeur, la comptabilité enregistrera leur intervention
dans la production du sol avec des chiffres qui varieront suivant leur nature.

Nous allons examiner, pour chacun d'eux, comment on peut
arriver à déterminer les chiffres représentant la valeur qui
doit servir à les inscrire dans la comptabilité.

ENGRAIS DE FERME. — L'engrais de ferme, ou fumier, est
universellement employé en agriculture : c'est un engrais complet, reconnu indispensable pour l'entretien de la fertilité des

terres cultivées. Si l'on supprimait son emploi, on verrait bientôt diminuer les facultés productrices du sol et, par suite, les produits de la culture.

Cet agent de production joue un rôle si important en agriculture que, de tout temps et partout, les agriculteurs ont reconnu la nécessité d'en produire, même à des prix de revient souvent fort élevés.

Puisque c'est une nécessité inéluctable de produire du fumier pour la culture des terres, l'analyse économique de cette situation offre un intérêt considérable, surtout à cause de ses relations intimes avec les principales branches d'une exploitation.

Le fumier est fourni par le bétail qui consomme les fourrages récoltés dans la ferme, d'où il résulte une relation étroite entre ces deux sortes de production. Lorsque, par exemple, la production fourragère est très-faible par suite d'une année de sécheresse, le nombre des animaux diminue et la fabrication du fumier est de peu d'importance. L'inverse peut avoir lieu, et, dans les deux cas, la production du fumier n'étant pas la même, tous les besoins de la culture ne sont pas également satisfaits.

Pour bien se rendre compte de l'importance qui doit être attribuée à la production du fumier dans une exploitation rurale, il est indispensable de connaître la somme des valeurs qui sont consacrées à la fabrication de cet agent essentiel de fertilisation.

La dépense nécessitée par la production du fumier de ferme dépend de la valeur des fourrages et des pailles consommés par les animaux qui le fabriquent, et de la valeur échangeable des produits que ces animaux fournissent. Si, par exemple, on fait consommer au bétail du foin de prairies naturelles, il transforme, par cette consommation, une matière qui a un prix facile à connaître et qui aurait pu être réalisé en livrant ce foin au commerce ; ce qui revient à dire que l'agriculteur qui emploie la récolte de ses prairies à la production du fumier dont il a besoin pour la culture de ses terres, se prive d'une recette facilement appréciable, mais qu'il espère retrouver, au moins en partie, dans les produits de vente fournis par le bétail qui en a bénéficié.

Lorsque les produits du bétail seront suffisants pour solder la dépense qui a été faite pour les obtenir, le fumier fabriqué ne coûtera rien à l'exploitant; il représentera, au contraire, un bénéfice qui deviendra réalisable lorsque les cultures auront transformé ce fumier en denrées de consommation ayant une valeur d'échange, c'est-à-dire une valeur cotée sur le marché.

Dans le cas où les produits du bétail auront une valeur supérieure à celle des dépenses qui ont été faites pour les obtenir, le bénéfice sera représenté par cette plus-value et par le fumier fabriqué; dans le cas contraire, la différence constatée ne sera autre chose que le prix de fabrication auquel la culture devra payer ce fumier.

Les mêmes considérations sont applicables à l'emploi de tous les fourrages et pailles ayant une valeur réalisable et employés à l'entretien du bétail nécessaire pour la fabrication de l'engrais. Elles s'appliquent aussi à l'emploi des fourrages qui ne sont pas de nature à être échangés, les fourrages verts, par exemple, auxquels il n'est pas possible d'attribuer une valeur différente de celle qui est représentée par la dépense faite pour les obtenir.

Le prix de revient des fourrages verts étant déterminé, leur intervention dans la production du fumier s'apprécie de la même manière que pour les autres fourrages, c'est-à-dire d'après les résultats obtenus par leur transformation. On doit même dire que, dans la pratique, ce n'est qu'un résultat moyen qui se dégage de l'emploi combiné des fourrages et pailles de toute nature dans la fabrication de l'engrais de ferme. Pour bien l'apprécier, il est indispensable que la comptabilité ait enregistré, par des chiffres sérieusement déterminés, tous les éléments qui ont servi à le produire. Quand ce travail d'analyse est mal fait, il ne peut être que nuisible, parce qu'il ne peut qu'induire en erreur celui qui voudrait en tirer des indications pour ses opérations futures.

En résumé, dans la fabrication de l'engrais de ferme, il peut se présenter deux cas bien différents :

1° Le fumier n'a rien coûté à produire, parce que les frais de sa fabrication ont été égaux ou inférieurs à la valeur des produits des animaux qui ont servi à l'obtenir ;

2° Le fumier a occasionné une dépense, parce que les produits du bétail n'ont pas suffi à payer tous les frais qui ont été faits pour le fabriquer.

Dans le premier cas, la comptabilité peut n'enregistrer que pour ordre la quantité de fumier fournie par le bétail de la ferme, cet engrais représentant des fourrages et des pailles dont le prix est entièrement soldé, et dont l'emploi pour le service des cultures n'occasionne, par conséquent, aucun frais. Elle peut aussi en faire ressortir la valeur en prenant pour base le prix que la pratique lui accorde dans la localité, — prix qui est toujours très-aléatoire, — et porter cette valeur aux crédits des comptes du bétail qui a fourni cet engrais. Par ce moyen, les résultats des spéculations animales ne seront pas diminués au bénéfice des spéculations végétales ; mais, pour l'ensemble, le chiffre de la perte ou du gain ne sera pas modifié.

Dans le second cas, les écritures comptables doivent indiquer ce que le fumier a coûté à produire, afin de faire supporter cette dépense aux cultures pour lesquelles il sera employé.

A cet égard, il faut observer que, généralement, la production du fumier se trouve compromise dans ce dernier cas, autrement dit que la dépense qu'elle occasionne est plus élevée que la valeur des produits animaux qu'elle permet de réaliser; elle est même assez régulièrement supérieure pour qu'on ait pu considérer l'entretien du bétail comme « un mal nécessaire », c'est-à-dire ne pouvant être évité, à cause de l'impossibilité dans laquelle se trouve l'agriculture de trouver, en dehors de la ferme, la plus grande partie de l'engrais dont elle a besoin.

C'est principalement l'exploitant à titre de fermier qui a surtout à souffrir de la fabrication de l'engrais de ferme, car il ne peut pas, comme le propriétaire, se livrer parfois à des opérations qui peuvent atténuer beaucoup les effets de cette nécessité.

Ainsi, par exemple, lorsqu'un propriétaire trouve à acheter une quantité de fumier égale à celle qu'il pourrait fabriquer dans la ferme, il peut faire cet achat et en payer le prix avec la vente des fourrages et des pailles qu'il a récoltés. En faisant cette opération, il peut même réaliser assez souvent un bénéfice, au lieu de subir une perte qui lui aurait été occasionnée par la fabrication de cet engrais.

Le fermier, au contraire, est lié par cette clause qui figure dans tous les baux à ferme, et d'après laquelle il ne peut vendre ni fourrages, ni pailles récoltés sur le domaine qu'il a loué. Une restriction de cette nature est, à coup sûr, nuisible à ses intérêts, dans un certain nombre de cas ; mais cela ne suffit pas, croyons-nous, pour que sa suppression doive être réclamée. Ce qu'il y aurait de mieux à faire, ce serait de la modifier de manière à permettre au fermier de vendre ses fourrages, lorsqu'il aurait préalablement acheté le fumier que leur consommation dans la ferme lui aurait permis de fabriquer.

En somme, que l'exploitant soit propriétaire ou fermier, la comptabilité est susceptible de lui rendre de grands services pour l'analyse de ses opérations relatives à la production de l'engrais de ferme, dont l'emploi ne pourra jamais être complétement supprimé.

Engrais verts. — Les engrais verts sont quelquefois employés pour l'entretien de la fertilité des terres ; ce sont des auxiliaires de l'engrais de ferme, susceptibles de rendre de véritables services dans des cas déterminés.

Leur valeur n'est pas comparable à celle du fumier ; mais, comme pour lui, elle se détermine par les frais qui ont été faits pour les obtenir.

Sans être obligé de tenir compte de la quantité de matières fertilisantes que produisent les engrais verts sur une surface déterminée de terrain, on constate la dépense qui a été faite pour les cultiver, et on a ainsi le prix auquel revient cette fumure, d'une utilité réelle dans les situations agricoles où elle peut être employée.

Engrais commerciaux. — Lorsque les engrais fournis par le commerce ont été bien fabriqués, et que leur composition chimique renferme les éléments de fertilisation pour lesquels on les achète, ils peuvent rendre de vrais services à l'agriculture, si leur prix n'est pas trop élevé.

Au point de vue comptable, ces engrais ont un prix bien déterminé, et, par suite, il n'y a aucune difficulté à résoudre pour évaluer la dépense occasionnée par leur emploi.

JACHÈRE

Dans les pays où le loyer des terres est peu élevé et où les ressources fourragères ne permettent pas d'entretenir le bétail nécessaire à une production suffisante d'engrais, la jachère est un moyen employé pour reconstituer la fertilité du sol soumis à la culture.

La jachère, consistant en labours répétés pendant une année sur une terre ne recevant aucune semence, occasionne des frais qui ne peuvent être payés que par les récoltes qui viendront lui succéder. On doit donc, pendant l'année où une terre est en jachère, tenir un compte exact des travaux exécutés, pour pouvoir les porter en dépense aux cultures qui, dans la suite, profiteront de ce mode de préparation du sol.

ENGRAIS EN TERRE

La comptabilité des engrais en terre ne pourra se faire avec des données tout à fait certaines que lorsque la question d'épuisement du sol par les cultures sera complétement résolue. Ce n'est que le jour où la science agricole aura établi, d'une manière exacte, quelle est la fraction d'engrais prise par chacune des récoltes qui auront profité d'une fumure, qu'il sera possible au comptable de répartir exactement la dépense en fumier, et d'établir des comptes de production végétale avec la même rigueur que pour chacune des autres branches d'une exploitation.

Mais, s'il n'est pas possible, dans l'état actuel des connaissances agronomiques, d'arriver à une précision rigoureuse dans la détermination des chiffres qui doivent servir de base à la comptabilité des engrais en terre, cela ne veut pas dire qu'il n'y ait aucun moyen de tenir compte des dépenses occasionnées par les fumures et de les faire payer aux récoltes qui en auront profité.

Dans la pratique, on arrive assez facilement à se rendre compte de l'importance qui doit être donnée aux fumures pour maintenir un terrain à un degré de fertilité permettant d'en obtenir des récoltes régulières, sauf les accidents de production qui peuvent arriver. Quelquefois, en effet, les intempéries des saisons diminuent ou réduisent à néant l'influence du fumier sur les produits du sol; mais cela n'empêche pas l'exploitant d'en continuer l'usage, parce qu'il sait très-bien que, sans le secours de l'engrais, son entreprise ne pourrait pas se poursuivre, à cause de la faiblesse des produits qu'il obtiendrait de ses cultures, et dont la valeur serait insuffisante pour payer le prix de ses travaux.

Tous les bons praticiens se rendent très-bien compte de la quantité de fumier qu'ils doivent employer pour entretenir leurs terres à un degré de fertilité convenable; ils savent très-bien apprécier la durée des fumures faites dans des terrains de nature différente et sur lesquels ils cultivent des plantes d'une nature déterminée; aucun d'eux n'est embarrassé pour savoir s'il est nécessaire qu'il fasse des fumures répétées tous les deux, trois ou quatre ans, pour entretenir la fertilité du sol sur lequel il opère, ou pour augmenter cette fertilité.

Quoique l'épuisement du sol ne soit pas exactement le même avec toutes les plantes employées dans la culture des terres, il est bien constaté que la réussite de celles qui sont réputées les moins exigeantes est toujours en rapport avec la richesse du terrain sur lequel elles sont cultivées. Ainsi, par exemple, les plantes fourragères, en général, réussissent d'autant mieux qu'elles sont semées sur des terrains plus fertiles et, principalement, sur ceux qui ont été préalablement bien fumés. Quelques-unes, telles que le trèfle, et surtout la luzerne, ne végéteraient que très-imparfaitement sur des terrains maigres ou mal soignés; leur culture répétée dans les bons terrains finit même par être une cause d'insuccès de ces plantes, qui, avec leurs racines pivotantes, prennent leur nourriture dans les parties profondes du sol, là où la reconstitution des éléments de fertilité qu'elles absorbent se fait toujours avec lenteur et une certaine difficulté.

Les plantes qui sont récoltées après leur maturité n'ont pas moins besoin que les fourrages d'un terrain fertile pour donner de bons produits ; il est même évident qu'elles sont plus épuisantes que celles dont la récolte se fait lorsqu'elles sont encore vertes, c'est-à-dire incomplétement constituées.

En somme, si les plantes fourragères, dont le produit dépend du développement qu'elles prennent avant d'arriver à maturité, nécessitent un terrain bien fumé pour donner de bonnes récoltes ; si celles qui ne sont récoltées qu'après avoir mûri leurs graines ont également besoin d'un terrain fertile pour donner de bons rendements, il s'ensuit que, pour les unes comme pour les autres, le fumier est également nécessaire, et que, sans trop d'inexactitude, on peut admettre qu'il a, dans les deux cas, la même utilité.

Cette donnée pratique étant admise, et il serait puéril de la contester, rien n'est plus facile que de répartir les dépenses occasionnées par les fumures faites pour l'exploitation du sol. Si l'expérience démontre qu'une terre a besoin d'être fumée tous les deux, trois ou quatre ans, pour donner des produits constants, on peut, sans crainte de faire fausse route, répartir également la dépense en fumier sur les deux, trois ou quatre cultures qui en auront profité.

En l'absence de données plus rigoureuses, que la science agricole n'a encore pu nous donner, la pratique peut donc établir très-utilement la comptabilité des engrais en terre, en se basant sur la durée pratique de leur action et en attribuant à chaque récolte une part égale dans la dépense en fumier.

Toutes les plantes qui profitent, les unes après les autres, de l'engrais employé chaque année dans une ferme, sont constamment représentées par l'ensemble des cultures faites sur le domaine, et, par suite, en attribuant à chacune d'elles la part qui lui revient dans la dépense en fumier, on solde annuellement tous les frais que les fumures ont occasionnés. S'il faut, je suppose, 600 francs de fumier tous les ans pour entretenir la fertilité d'une terre fumée chaque année sur le tiers de sa surface, cela revient à dire que, dans un laps de temps égal à trois années, les cultures ont épuisé cette fumure et qu'il faut la renouveler. Mais, ainsi que nous l'avons déjà dit, ces cultures faites pendant la durée de cet engrais sont annuellement pratiquées sur chaque portion de la surface du terrain soumis à cette fumure triennale ; d'où il suit qu'en faisant payer à chacune d'elles, et *proportionnellement* à *son étendue*, la part du fumier qui lui revient, on solde entièrement la dépense totale de 600 francs dans la même année.

Dans la comptabilité des engrais en terre, il ne faut pas négliger de noter bien exactement la quantité de fumier employée par les préparations du sol en vue des cultures de l'année suivante. Si, par exemple, on fume en automne un terrain sur lequel on va semer du blé, il faut porter cette fumure au compte *engrais en terre,* mais en indiquant qu'elle est faite pour la culture du blé de 1884, si c'est en 1883 que cette opération a été effectuée. Le fumier ainsi employé peut être considéré comme étant encore en magasin, puisqu'il n'est pas consommé; seulement il est dans un magasin spécial : la terre. Son action ne devant s'exercer que sur la culture de l'année qui va suivre, il ne peut être compté en dépense pour l'année où il a été employé, et, pour cette raison, il doit figurer à l'inventaire de fin d'année, avec la même valeur que celle qui a été enregistrée au moment de son emploi.

Pour les engrais en terre ayant un an ou deux de date, il est beaucoup moins facile de connaître la somme pour laquelle ils pourraient figurer à l'inventaire de sortie. Quoique la durée de leur action soit assez bien connue des bons praticiens, il ne serait pas facile de faire ressortir assez nettement leur valeur au moment où l'on fait cet l'inventaire, pour la faire admettre par un successeur dans l'exploitation d'un domaine. La dépense que ces engrais représentent n'entrera jamais que très-difficilement dans l'évaluation de l'*indemnité* à payer au *fermier sortant,* et nous croyons qu'il est préférable de ne pas essayer de l'inventorier. Ce qui nous paraît plus pratique, c'est de solder annuellement tous les frais de fumure par les comptes de culture, à l'exception de ceux qui se rapportent à l'emploi du fumier qui ne doit profiter qu'aux récoltes de l'année qui suit.

AMÉLIORATIONS FONCIÈRES

Les travaux de défoncement, le drainage, le chaulage et le marnage, ont pour but d'améliorer le sol soumis à la culture et d'augmenter l'importance des produits qui font l'objet de son exploitation.

Les dépenses, quelquefois très-considérables, occasionnées par l'une ou l'autre de ces opérations, ne peuvent pas être soldées en une seule année par les comptes des cultures qui en profitent, parce que leur action se fait sentir pendant un temps beaucoup plus considérable au profit des cultures successives qui seront effectuées.

Ici encore, comme pour la comptabilité des engrais en terre, la science agricole ne peut pas nous donner des chiffres rigoureusement déterminés. Quand on veut faire la répartition des dépenses occasionnées par les améliorations foncières, il faut avoir recours à l'expérience des praticiens et prendre pour base les données que l'on peut en tirer.

Guidé par la pratique, un agriculteur éclairé peut toujours, sans faire de trop grands écarts d'appréciation, arriver à déterminer le nombre des années pendant lesquelles les cultures profiteront d'un travail d'amélioration du sol, suivant sa nature et les conditions dans lesquelles il est exploité. Ce nombre étant trouvé, rien n'est ensuite plus facile que d'inscrire dans la comptabilité le chiffre de la dépense que chaque culture devra supporter.

Supposons, par exemple, que la pratique ait démontré qu'il convient de chauler une terre tous les dix ans pour l'entretenir dans de bonnes conditions de production: c'est par dixièmes que la dépense occasionnée par ce chaulage devra être amortie; ce qui revient à dire que chaque culture annuelle faite sur ce terrain chaulé devra supporter le dixième de la dépense effectuée.

DES COMPTES

Le classement des valeurs comptables est un travail qui doit être fait avec le plus grand soin, parce qu'il a pour but de fournir le moyen de constater les résultats, positifs ou négatifs, obtenus dans chacune des branches de l'exploitation d'un domaine.

Les comptes n'ayant d'autre objet que la mise en œuvre de ce classement, cela revient à dire qu'un compte n'est autre chose que *l'inscription méthodique de toutes les valeurs mises en action dans une opération agricole déterminée.*

Exemple: inscrire méthodiquement toutes les valeurs mises en action dans la culture du blé, c'est faire un compte *Blé.* Il en est de même pour toutes les autres opérations agricoles, le nom de chacune d'elles servant de titre au compte établi pour la représenter.

Tous les comptes faisant partie d'une comptabilité agricole n'ont pas pour objet la détermination du total des valeurs mises en œuvre dans des spéculations déterminées; il y en a qui ont pour but essentiel de renseigner l'exploitation sur le mouvement général des valeurs nécessaires à son entreprise, de les classer pour mieux les apprécier, et de déterminer celles qui ont été détruites ou transformées dans le cours d'une année: de là des comptes dits *Comptes de production* ou *de spéculation,* et des comptes dits *Comptes d'ordre.*

L'agriculteur, ayant toujours quelques relations d'intérêt avec diverses personnes pour le service de son exploitation, doit prendre ses mesures pour être régulièrement renseigné sur l'importance des sommes qu'il doit ou qu'il a à recouvrer. Dans ce but, il établit des comptes dits *particuliers,* ou *comptes courants,* avec lesquels il peut, à un moment donné, régler facilement sa situation envers ses débiteurs ou envers ses créanciers.

COMPTES DE PRODUCTION

Ces comptes sont établis pour déterminer les résultats, en pertes ou en profits, de toutes les opérations agricoles donnant lieu à des *dépenses* faites dans le but d'obtenir des *recettes* destinées à les solder.

EXEMPLE : Quand on dépense 1,000 francs pour cultiver du blé, c'est qu'on espère retirer de cette culture un produit d'une valeur égale à cette avance, et même plus élevé. Lorsque la valeur de ce produit est supérieure au montant de la dépense qui a été faite pour l'obtenir, on réalise un bénéfice; dans le cas contraire, on éprouve une perte.

D'après cela, on peut dire que, dans les comptes de production, on a toujours deux sortes de valeurs à inscrire :

1° Des *dépenses*; 2° des *recettes*.

De là leur division en deux parties, dont la dénomination est consacrée par l'usage : le *Doit* ou le *Débit*, l'*Avoir* ou le *Crédit*.

Les *dépenses*, comprenant toutes les valeurs mises en action pour la spéculation qu'un compte représente, sont inscrites dans la partie de ce compte ayant pour titre *Doit* ou *Débit*; les *recettes*, comprenant toutes les valeurs qui résultent de cette opération, sont inscrites dans la partie du même compte dite *Avoir* ou *Crédit*. D'où il résulte que *débiter* un compte de production, c'est inscrire une dépense faite pour la spéculation indiquée par le titre de ce compte, et que *créditer* ce même compte, c'est inscrire une recette résultant de cette même spéculation.

Supposons encore la culture du blé : les travaux exécutés à son profit doivent figurer au *Doit* ou *Débit* du compte *Blé*, par la même raison que celle qui fait inscrire au *Débit* du compte d'une personne une somme en argent qui lui est prêtée.

Les travaux agricoles doivent, en effet, être considérés comme des avances faites aux cultures, et dont le cultivateur attend le remboursement par les produits que ces cultures peuvent lui fournir.

Ces considérations s'appliquent à tous les comptes représentant les spéculations qui peuvent être faites dans une ferme. Il serait superflu d'insister sur ce fait que, pour les comptes de production, l'inscription des dépenses doit être faite séparément de celle des recettes, afin de pouvoir comparer les totaux qu'elles produisent et qui permettent d'en déduire les résultats en pertes ou en profits.

Il faut observer, néanmoins, qu'il y a des cas où les comptes de production ne peuvent ni ne doivent faire ressortir une perte ou un gain par l'opération à laquelle ils se rapportent: tels sont ceux qu'on établit pour les *denrées de transformation.*

Ainsi, par exemple, les fourrages verts cultivés pour l'entretien du bétail d'une ferme représentent toujours, pour ainsi dire, une denrée qui ne pourrait être vendue ni achetée, et dont le prix ne peut, par conséquent, être établi qu'en comparant la dépense qu'ils ont occasionnée avec la quantité de récolte obtenue. En un mot, c'est au *prix de revient* que ces fourrages doivent être évalués, et, que ce prix soit faible ou élevé, il ne peut servir qu'à solder la dépense d'après laquelle il a été déterminé.

COMPTES D'ORDRE

Les comptes d'ordre sont ceux qui ne représentent aucune spéculation agricole déterminée. Ce sont, pour ainsi dire, des comptes auxiliaires, ayant pour but de renseigner l'exploitant sur l'emploi et la conservation des valeurs dont il dispose pour le service de son exploitation.

Comme exemple de compte d'ordre, nous prendrons le compte *Caisse,* dont l'utilité est tellement évidente qu'il est inutile d'essayer de la démontrer. L'argent qui entre dans une

caisse en sort exactement avec la même valeur; par conséquent, les écritures faites dans le but de constater son entrée
et sa sortie ne peuvent fournir d'autre indication que celle qui
est relative à la détermination du mouvement de cet argent.
Ce fait a certainement son importance, mais il ne peut jamais
faire ressortir une augmentation dans le total des sommes en-
caissées ou dépensées. Tout l'intérêt d'un compte *Caisse* consiste dans les vérifications qu'il permet de faire des valeurs
qu'il a enregistrées, en même temps qu'il fait connaître leur
provenance et l'emploi qui en a été fait.

Il y a, néanmoins, certains comptes d'ordre auxquels il faut
reconnaître un caractère spécial, à cause du rôle qu'ils jouent
dans le fonctionnement d'une comptabilité agricole: ce sont
ceux qui, tout en servant à enregistrer certaines valeurs ne
pouvant donner lieu par elles-mêmes à aucune perte ni à aucun
profit, permettent d'évaluer une partie importante des dépenses faites au profit des opérations enregistrées par les comptes
de production. Ainsi, par exemple, le compte *Ménage,* tout en
étant un compte d'ordre, est en même temps un *compte d'é-
valuation* indispensable pour la constatation des dépenses
faites pour le personnel de la ferme, dépenses qui doivent être
portées au débit des comptes de production. Dans cette même
catégorie se trouvent les comptes d'*Inventaire,* de *Matériel
d'exploitation,* des *Attelages* et quelques autres, pour lesquels
nous croyons devoir fournir quelques explications.

Mais, tout d'abord, disons que, pour établir les comptes d'ordre, on doit suivre les mêmes principes que ceux que nous
avons indiqués pour les comptes de production.

Quand on veut faire un classement, quel qu'il soit, il est indispensable d'adopter un ordre d'après lequel il sera établi.
Lorsque, par exemple, nous voulons connaître exactement le
mouvement des valeurs qui entrent et qui sortent d'une caisse,
nous notons séparément les entrées et les sorties d'argent que
cette caisse reçoit et fournit. Mais, lorsqu'une caisse reçoit
de l'argent, il est aussi rationnel d'inscrire cet argent au *Doit*
du compte qui représente cette caisse, que d'inscrire au *Doit*
du compte *Blé* une somme mise au service de cette spéculation. Dans les deux cas, c'est une réception que l'on a voulu
constater, pour en tirer, en temps utile, des déductions rela-

tives à cette opération. Ainsi, avec le compte *Caisse*, il sera facile de savoir si les sommes reçues et inscrites au *Doit* de ce compte se sont totalement retrouvées, à leur sortie, inscrites à l'*Avoir* de ce même compte. Pareillement, il sera facile d'apprécier si les sommes portées au *Doit* du compte *Blé* ont été complétement recouvrées par la valeur des produits qu'elles ont permis d'obtenir, et qu'on a inscrites à l'*Avoir* de ce compte *Blé*. Toute la différence, c'est que, dans les opérations relatives à la caisse, l'argent ne s'est pas transformé, tandis que, pour celles qui concernent la culture du blé, il a subi des transformations avant d'être récupéré.

En conséquence, il est permis de poser en fait que toutes les sommes inscrites à un compte d'ordre doivent, comme pour les comptes de production, être portées au *Doit*, lorsqu'il s'agit de constater leur prise en charge ou leur entrée, et être portées à l'*Avoir*, lorsqu'il s'agit de constater leur emploi ou leur sortie.

A la fin de l'année, lorsqu'on veut arrêter les écritures, afin de mettre en évidence les résultats des opérations qu'elles ont servi à enregistrer, on fait ce qu'on appelle le *solde des comptes*.

Ce travail peut être ainsi défini :

Solder un compte, c'est faire la comparaison du total des sommes inscrites à son *débit*, avec le total des sommes inscrites à son *crédit*, et ajouter, à l'un ou à l'autre de ces totaux, la somme nécessaire pour établir leur égalité. Cette dernière somme constitue le *solde* du compte.

Lorsque ce solde figure au débit d'un *compte de production*, il indique un *bénéfice* ; lorsqu'il figure au crédit, il indique une *perte*.

Le solde de tous les autres comptes n'est qu'un solde pour ordre, et il s'effectue par les relations qui existent entre les divers comptes de la comptabilité dite *en partie double*.

Passons maintenant à l'étude particulière des principaux comptes d'ordre qui peuvent être établis dans une comptabilité agricole.

INVENTAIRE

Lorsqu'on entreprend l'exploitation d'un domaine et qu'on veut tenir une comptabilité pour se rendre compte des résultats de cette entreprise, il faut commencer par déterminer le capital dont on dispose, afin de pouvoir apprécier son augmentation ou sa diminution dans un laps de temps déterminé.

Cette opération préliminaire constitue ce qu'on appelle l'établissement d'un *inventaire,* lequel peut être ainsi défini : *un inventaire est le dénombrement de toutes les valeurs composant un capital.*

Le capital, en agriculture, représente la somme de toutes les valeurs mises en action dans la culture des terres.

Toutes les valeurs composant le capital d'une exploitation rurale ne sont pas susceptibles de transformations aussi rapides les unes que les autres. Par exemple, la valeur du sol ne se modifie pas d'une manière bien sensible d'une année à l'autre, dans la majorité des cas. Il n'en est pas de même des valeurs mobilières qui peuvent dans un laps de temps trèscourt, être transformées ou détruites. Exemple : les denrées de consommation, les instruments, etc.

Lorsque l'exploitant est un fermier, la valeur du sol ne l'intéresse pas, au point de vue des variations qu'elle peut subir, et il n'a pas à en tenir compte dans sa comptabilité.

Dans le cas où c'est le propriétaire qui exploite lui-même son domaine, il peut aussi négliger la valeur de son immeuble dans l'établissement de son inventaire, parce que, ainsi que nous l'avons déjà dit, cette valeur n'est pas susceptible de subir des variations facilement appréciables dans le cours d'une année.

Les valeurs mobilières de l'industrie agricole constituent ce qu'on appelle le *Capital d'exploitation,* lequel peut appartenir en totalité à l'exploitant, ou ne lui appartenir qu'en partie.

Lorsqu'un agriculteur doit une partie du capital dont il dispose, cette partie constitue ce qu'on appelle son *passif;* celle dont il est réellement propriétaire constitue son *capital net,* ou son *avoir* proprement dit.

Pour bien déterminer le capital qui lui appartient, l'agriculteur, comme l'industriel, doit faire un inventaire exact de toutes les valeurs dont il dispose et qui constituent son *actif;* il doit aussi, et avec le même soin, se rendre compte des dettes dont cet actif peut être grevé. Ce n'est qu'en opérant ainsi qu'il pourra ensuite se rendre compte si son *capital net* a augmenté ou diminué, c'est-à-dire si ces dettes se sont éteintes, accrues ou réduites; en un mot, s'il a gagné ou perdu dans son entreprise.

La détermination des valeurs composant un capital d'exploitation doit être faite avec beaucoup de soin, si l'on veut que leur total représente, autant que possible, l'expression de la réalité.

Supposons qu'on veuille établir l'inventaire du capital d'exploitation d'une ferme pour laquelle aucune comptabilité n'a jamais été tenue, et où on ne peut trouver, par conséquent, aucune indication écrite sur la valeur des objets qu'on a à inventorier. Dans ce cas, certaines valeurs, faisant partie du capital de l'exploitant, pourront être très-mal déterminées, si l'on ne prend pas toutes les précautions possibles pour bien les apprécier. Ainsi, par exemple, il y a toujours, dans une ferme, un assez grand nombre d'instruments ayant fait déjà un certain service, c'est-à-dire plus ou moins usés. Pour leur attribuer un prix convenable, on est obligé de se rendre compte de leur valeur à l'état neuf, de se renseigner sur le nombre d'années pendant lequel ils ont servi et d'apprécier combien de temps ils peuvent durer encore. L'expérience des praticiens intelligents, ou celle des ouvriers qui s'en servent, peut seule servir de guide dans ce travail d'évaluation.

En opérant ainsi, on peut toujours déterminer, très-approximativement, la valeur réelle des instruments d'agriculture à une période quelconque de leur service.

A l'époque de l'année où se font généralement les inventaires, c'est-à-dire en décembre et janvier, on trouve toujours, dans une ferme, une certaine quantité d'engrais en magasin. Pour l'évaluer, on doit, comme pour les instruments, prendre toutes les précautions possibles pour ne pas se tromper. Ce que l'on a de mieux à faire, dans cette circonstance, c'est de se rendre compte de ce que les cultivateurs du voisinage payeraient ce fumier, si on voulait le leur livrer. Son évaluation pourrait être alors basée sur la valeur qu'ils lui reconnaîtraient, et la somme par laquelle il serait représenté dans l'inventaire ne s'écarterait jamais beaucoup de l'expression de la réalité.

Si, dans la localité où se trouve la ferme, le fumier avait un prix courant bien déterminé, c'est ce prix qu'il conviendrait d'admettre, parce qu'il représenterait, aussi bien que possible, la valeur que la pratique reconnaît à cet agent de fertilité.

Pour les années suivantes, l'évaluation des instruments de culture et du fumier en magasin s'effectue avec une plus grande facilité et avec plus de certitude que pour l'inventaire de début, parce que l'exploitant a eu le temps de mieux étudier le matériel dont il dispose et dont il s'est servi. Pour le fumier, il n'a plus besoin du secours de personne pour savoir à quel prix il doit l'évaluer, puisque sa comptabilité lui indique ce qu'il a dépensé pour le fabriquer. Si ce prix est supérieur à celui qu'il payerait en achetant cette même matière de fertilisation, cela voudra dire qu'il aurait peut-être mieux fait de vendre ses fourrages pour acheter de l'engrais, mais cela ne devra jamais être une cause de réduction de ce prix; il faut que les cultures, pour lesquelles ce fumier a été fabriqué, payent ce qu'il a coûté de produire, afin de ne pas fausser le résultat des spéculations animales avec lesquelles il a été obtenu. C'est en modifiant ces procédés de fabrication qu'un agriculteur doit chercher à obtenir des produits dont le prix de revient soit favorable à son entreprise, et non en altérant les chiffres fournis par les résultats acquis. La comptabilité agricole ne peut avoir une utilité réelle que lorsqu'elle est faite avec des données certaines, et que les faits qu'elle met en évidence ne sont pas dénaturés.

Quant aux autres denrées qui se trouvent dans les magasins d'une ferme, il est très-facile de les évaluer en prenant pour base le prix que l'on pourrait en retirer. Il est bien certain, en effet, que, si ces denrées sont employées à l'exploitation du domaine, leur emploi équivaut, comme dépense, à la somme que leur vente permettrait de réaliser. Celles qui seront vendues après l'établissement de l'inventaire représentent des valeurs en dépôt d'une importance égale au prix que le commerce les aurait payées au moment où on les a inventoriées.

Aucune difficulté n'est à prévoir pour la détermination des valeurs en espèces, ou des créances que l'exploitant peut posséder.

Relativement au *passif*, l'exploitant doit prendre toutes les précautions nécessaires pour bien le déterminer. S'il est débiteur d'un banquier, il doit se faire donner la note exacte de sa dette; s'il doit des sommes pour fournitures ou travaux, il doit recueillir tous les mémoires qui s'y rapportent ; en un mot, il doit faire le nécessaire pour déterminer exactement sa situation envers tous ses créanciers.

Les valeurs diverses, composant l'actif, doivent être classées dans l'inventaire d'après leur nature, afin de pouvoir établir facilement des comptes spéciaux qui permettent d'apprécier les transformations qu'elles peuvent subir dans le courant de l'année.

C'est ainsi que, pour les instruments et objets de toute sorte, on établira un compte désigné sous le nom de *Matériel d'exploitation*, avec lequel on pourra noter facilement toutes les dépenses faites pour leur entretien et leur renouvellement dans un temps donné. On établira de même un compte *Magasin*, pour noter régulièrement la consommation ou la vente de toutes les denrées inscrites à l'inventaire, afin de bien se rendre compte de l'emploi qui en a été fait. Pour toutes les autres catégories de valeurs, on fera le même travail et on aura ainsi des indications précises sur les modifications que ces valeurs ont pu subir dans le courant de l'année.

La confection de deux inventaires est nécessaire pour la comptabilité de la première année, dans une exploitation rurale. Le premier se fait généralement en janvier, et il est appelé *Inventaire d'entrée*, par opposition à celui qui se fait au mois de décembre, et qu'on appelle *Inventaire de sortie*. Pour la suite, un seul inventaire a besoin d'être dressé, parce que l'inventaire de l'année qui précède est absolument le même que celui de l'année qui va commencer.

MATÉRIEL D'EXPLOITATION

Sous cette dénomination sont compris les véhicules, les instruments et objets de toute sorte, employés au service général d'une exploitation.

Pour déterminer les dépenses occasionnées par les réparations et le renouvellement d'un matériel d'exploitation, il est indispensable d'avoir un compte spécial, où sont inscrites toutes ces dépenses faites dans l'intérêt de tous les services de la ferme.

La valeur du matériel, telle que l'inventaire d'entrée l'indique, augmentée des frais nécessités par son renouvellement et son entretien dans le courant de l'année, représente la dépense résultant de son emploi, moins la valeur de tous les objets qui le composent, constatée par l'inventaire de sortie. Si des instruments sont achetés pour augmenter le nombre de ceux qui existent à l'inventaire d'entrée, il faut les porter comme dépense au compte du matériel, parce que son crédit sera augmenté, à la fin de l'année, de leur prix d'achat diminué, s'il y a lieu, de la moins-value qui a pu résulter de leur usure.

Supposons un matériel d'exploitation évalué à 25,000 fr. par l'inventaire d'entrée, et pour lequel une somme de 2,000 fr. a été dépensée pour son entretien dans le courant de l'année ; le compte qui le représente est d'abord débité des 25,000 fr. qu'il reçoit de l'inventaire ; il l'est ensuite, et successivement, de tous les frais nécessités par l'entretien de ce matériel, soit, avons-nous dit, d'une somme de 2,000 fr., ce qui fait, en tout, 27,000 francs.

Si à la fin de l'année ce matériel n'est évalué qu'à 24,000 fr., il y aura une différence de 3,000 francs représentant une dépense faite pour le service des diverses spéculations entreprises dans la ferme, et auxquelles il conviendra, par conséquent, de la faire payer.

Dans la pratique, il n'est pas possible de savoir directement quelle est la part de frais d'entretien du matériel d'exploitation qu'il convient de faire supporter à chacune des spéculations pour lesquelles il a été employé. Pour solder cette dépense, il convient de procéder de la même manière que lorsqu'il s'agit des autres frais généraux d'exploitation, pour lesquels nous indiquerons le procédé à suivre, afin d'en opérer équitablement la répartition.

ATTELAGES

Les animaux entretenus pour faire les travaux d'une exploitation rurale sont désignés sous le nom d'*attelages*, soit qu'il s'agisse d'animaux de l'espèce bovine ou de l'espèce chevaline.

Quelles que soient les considérations d'après lesquelles on choisira l'une ou l'autre de ces deux espèces animales, il faudra toujours que les frais occasionnés par leur entretien soient payés par les cultures qui auront profité de leur travail.

Les dépenses occasionnées par ces machines animées doivent être comptées aussi exactement que celles qui résultent de l'emploi du matériel d'exploitation, et être soldées par les comptes des cultures qui en ont profité. Quant à leur répartition, elle peut se faire d'une manière très-précise, à la condition qu'on aura noté très-régulièrement les travaux effectués.

En se rapportant au livre des travaux, dont le modèle est indiqué dans ce livre, on peut savoir, d'une manière très-exacte, quel est le nombre de journées que chacune des cultures de la ferme a reçu; ce qui permet d'établir, avec beaucoup de précision, la part des dépenses que chacune d'elles doit supporter.

Ainsi, par exemple, si les attelages de chevaux ont fait 500 journées de travail dans le courant de l'année, et si, pour ce laps de temps, les dépenses de toute sorte occasionnées par ces attelages s'élèvent à 1,000 francs, cela reviendra à dire que chaque journée a coûté 2 francs.

Cette donnée étant acquise, et en admettant que la culture du blé ait profité de 100 journées de travail fait par les attelages de chevaux, c'est une somme de 200 francs qu'il faudra porter au débit du compte *Blé* et au crédit du compte ouvert pour ces animaux. Par le même procédé, on répartirait sur les autres cultures la dépense relative aux 400 journées qui restent à solder.

Un point important à signaler pour la répartition des dépenses en travaux d'attelages sur les différentes cultures auxquelles ces travaux ont été appliqués, c'est la détermination régulière du prix de la journée de travail effectué.

Pour obtenir ce prix de revient, il ne faut pas diviser la somme des dépenses faites par les attelages par 365, nombre de jours de l'année, mais bien par le nombre de journées que ces animaux ont effectués. Si un cheval a fait 250 journées de travail en un an et s'il a coûté 500 francs d'entretien, le prix de revient de chaque journée est de 2 francs; tandis qu'il ne serait que de 1 franc 37 centimes, si l'on divisait ce total de dépenses par 365, c'est-à-dire par le nombre des jours de l'année.

La dépense faite pour l'entretien des attelages ne pouvant être exactement déterminée qu'en opérant sur une période de temps d'une assez longue durée, il convient d'attendre le plus longtemps possible pour évaluer le prix de revient de la journée de travail que les attelages ont fait.

Dans l'appréciation des dépenses occasionnées par les animaux qui travaillent, il ne faut pas négliger de tenir compte du fumier qu'ils ont produit. Il est bien évident qu'un cheval qui a coûté 600 francs d'entretien et qui a produit pour 100 fr. de fumier, n'a occasionné qu'une dépense réelle de 500 francs, et que c'est cette dernière somme qu'il faut prendre pour déterminer le prix de revient de la journée de son travail.

Pour trouver la valeur du fumier produit par les animaux de travail, il n'y a qu'à prendre le *prix de revient moyen* de celui qui est obtenu avec les autres animaux de la ferme.

Cette donnée pratique est tout à fait rationnelle et ne peut donner que des résultats conformes à la réalité des faits.

Pour résumer les indications relatives à la tenue du compte des *Attelages* dans une exploitation rurale, nous dirons que, au commencement de l'année, il faut le *débiter* de la somme représentant la valeur de ces attelages, telle qu'elle résulte de l'inventaire d'entrée, et ajouter successivement à cette somme toutes les dépenses faites pour l'entretien de ces animaux. Pour le *créditer*, il faut tenir compte de la valeur de ces animaux à la fin de l'année, du travail qu'ils ont fourni et du fumier qui est résulté de leur entretien.

Observons cependant qu'on pourrait, sans commettre une véritable inexactitude, ne pas tenir compte de la valeur du fumier fourni par les attelages, dans la détermination du prix de revient de la journée de leur travail.

En effet, lorsque le total des frais d'entretien de ces animaux ne serait pas diminué de la valeur du fumier produit, le chiffre représentant le prix de la journée de travail serait plus élevé que dans le cas contraire ; mais alors les comptes des cultures seraient débités indirectement du montant de cet engrais par une augmentation dans la dépense en travaux exécutés.

MÉNAGE

L'entretien du personnel employé dans une ferme occasionne une dépense qui a besoin d'être notée bien exactement, pour être convenablement appréciée.

Dans une exploitation rurale, le ménage emploie beaucoup de produits de la ferme, et, trop souvent, les agriculteurs négligent d'en tenir compte, parce que, en apparence, ces produits ne leur ont rien coûté.

Cette manière d'opérer est très-fâcheuse, par la raison que la dépense faite par le ménage peut avoir une influence très-sérieuse sur le résultat général d'une exploitation. Un ménage ne peut être bien tenu que lorsque les opérations qu'il comporte sont l'objet d'une intelligente économie, facile à mettre en pratique, si on a le soin de bien se rendre compte de tous les faits comptables auxquels ces opérations donnent lieu.

Tous les produits employés à l'entretien du personnel d'une ferme ont une valeur qui est toujours facile à apprécier ; il n'y a que les denrées de consommation qui puissent servir à un ménage, et, par suite, on n'a aucune difficulté à résoudre pour trouver le prix qui doit leur être attribué. La ménagère peut donc, très-facilement, se rendre compte de toutes les dépenses qu'elle fait ou qu'elle fait faire sous sa surveillance et sa direction, pourvu qu'elle ait les principes d'ordre qui doivent être le caractère essentiel de sa mission.

Avec le livre de consommation du ménage, dont nous donnons plus loin le modèle, il est très-facile de noter exactement les dépenses d'entretien du personnel d'une ferme sans procurer un surcroît de travail à la ménagère, parce que la facilité qu'elle aura de se rendre compte de ce qu'elle a fait, et de ce qu'elle a à faire, compensera facilement le temps qu'elle emploiera à inscrire les détails qu'elle a besoin de connaître pour l'accomplissement régulier de ses fonctions.

Les frais d'entretien du personnel d'une exploitation étant connus, il suffit, pour les répartir exactement sur les comptes des spéculations qui ont profité du travail de ce personnel, de savoir le nombre de journées que chacune de ces spéculations a reçu dans un laps de temps déterminé. Quand on possède cette donnée, la répartition se fait de la même manière que celle qui est relative aux frais d'entretien des attelages, c'est-à-dire en tenant compte du nombre de journées de travail et du prix qu'a coûté chacune de ces journées.

Lorsque toutes les personnes nourries dans la ferme concourrent à l'exécution des travaux de l'exploitation et qu'elles prennent leur nourriture en commun, il n'y a lieu d'établir qu'un seul compte de ménage, quand même il y aurait des enfants encore incapables de travailler. Dans ce cas, les frais d'entretien de ces futurs travailleurs viendront grossir plus ou moins le prix de la journée des personnes qui travaillent ; mais, si le résultat final de l'entreprise se trouve ainsi un peu diminué, l'exploitant sera, par contre, exactement renseigné sur la perte ou le gain qu'il a pu faire, l'entretien de sa famille étant payé.

Lorsque l'exploitant et sa famille ne participent pas à l'exécution effective des travaux de la ferme, il convient d'établir un compte spécial pour les frais de ménage relatifs à leur entretien, et avec lequel il sera facile d'apprécier tout ce qui aura été prélevé pour eux sur les ressources de l'exploitation.

Avec ce compte particulier, on créditera les spéculations animales et végétales des produits qu'elles auront fournis, et, de cette manière, le solde de leurs comptes ne sera pas altéré. Pour solder ce compte lui-même, on se servira du compte *Profits et Pertes,* résumant tous les résultats déduits des comptes de production.

Si, en ne prélevant pas sur les ressources de la ferme les produits consommés par le ménage particulier de l'exploitant, le compte pertes et profits faisait, je suppose, ressortir un bénéfice de 10,000 fr., il n'indiquera qu'un bénéfice de 6,000 fr. lorsque le chef de l'exploitation aura prélevé 4,000 francs pour son entretien et celui de sa famille. Mais, dans ce cas, cet exploitant saura ce qu'il a fait, et il se rendra compte qu'il n'a pas perdu son temps en dirigeant lui-même les travaux de sa ferme, puisqu'il aura 6,000 francs de plus au bout de l'année, après avoir soldé une dépense de 4,000 francs pour son ménage avec les ressources de sa propriété.

Lorsque le chef de l'exploitation est un régisseur, il convient de faire payer à toutes les spéculations de la ferme les frais de toute sorte occasionnés par son intervention. C'est par le compte des *Frais généraux* que le compte particulier des *Frais de régie* doit être soldé, parce que ces dépenses, n'ayant pas d'affectation spéciale, doivent être réparties proportionnellement à l'importance de chacune des opérations que cet agent a dirigées.

MAIN-D'ŒUVRE

Le compte *Main-d'œuvre* est destiné à faire connaître le total des sommes payées aux ouvriers qui travaillent dans une exploitation.

Mais, si la main-d'œuvre reçoit de l'argent dont elle doit être *débitée,* elle fournit, par contre, du travail dont elle doit être *créditée.*

Si, par exemple, on a payé 500 francs à des ouvriers pour des travaux faits à une culture de plantes sarclées, le compte de cette culture doit être *débité* de cette somme représentant le travail fourni par les ouvriers, travail dont le compte *Main-d'œuvre* doit être *crédité*.

On pourrait bien, sans faire intervenir le compte de *Main-d'œuvre*, débiter directement la culture des plantes sarclées de cette somme de 500 francs payée par la Caisse ; mais, en suivant ce système, on n'aurait pas, à la fin de l'année, un compte récapitulatif de toutes les dépenses en main-d'œuvre, ce qui laisserait à désirer.

Pour récapituler facilement les sommes qui sont payées pour le travail des ouvriers, le compte *Main-d'œuvre* est d'une utilité incontestable et doit, par conséquent, avoir sa place dans une comptabilité agricole bien organisée.

Dans l'exécution, on se trouve toujours en présence de deux cas distincts pour le règlement des dépenses occasionnées par le travail des ouvriers : On a à payer des *journaliers* et des *gagistes*. Les premiers sont généralement payés tous les huit ou quinze jours ; les seconds, tous les mois, dans certains pays, et moins fréquemment dans quelques autres. Il y a aussi des localités où les journaliers sont nourris, et d'autres où ils ne le sont pas ; bien plus généralement que les journaliers, les gagistes sont nourris dans la ferme.

Lorsque les journaliers ne sont pas nourris, le prix de leur journée représente la dépense à payer pour le travail qu'ils exécutent ; lorsqu'ils sont nourris, il faut ajouter au prix de leur journée la valeur de la nourriture qu'ils ont reçue, cela va sans dire. Dans ce dernier le cas, le compte de ménage, lorsqu'il est bien tenu, fournit exactement le chiffre qu'il faut ajouter à la somme payée en journées, pour avoir le montant total de la dépense occasionnée par ces ouvriers.

La seule différence qu'on puisse établir entre les journaliers nourris et les gagistes, au point de vue des dépenses que leur emploi occasionne, consiste principalement dans la fréquence plus rare des payements faits à ces derniers, et dans quelques frais d'entretien dont les journaliers ne profitent pas ordinairement.

Ainsi les gagistes sont nourris les dimanches et les jours fériés, tandis que les journaliers ne le sont pas ; ils ont aussi, généralement, droit à l'entretien de leur linge, à certains soins de santé et à quelques jours de chômage, qu'on n'accorde pas aux ouvriers à la journée. Néanmoins, la distinction de ces frais n'étant pas facile à faire, il convient de déterminer le prix journalier des gagistes en les considérant comme des journaliers nourris, et de n'avoir qu'un prix unique pour représenter l'entretien de ces deux catégories de travailleurs.

En opérant ainsi, on obtient un résultat pratique représentant une moyenne de dépense journalière qui permet de répartir les frais occasionnés par les gagistes, aussi exactement que ceux qui résultent de l'emploi des ouvriers nourris, payés à la journée. Pour les uns comme pour les autres, c'est toujours le livre des travaux et le livre du ménage qui fournissent les éléments de cette répartition.

Dans les pays où les journaliers ne sont pas nourris à la ferme, la dépense résultant de leur emploi est tout à fait facile à enregistrer, puisqu'on connaît tous les jours la somme qui leur est due et le travail qu'ils ont exécuté. Il n'en est pas de même pour les gagistes lorsqu'ils sont nourris, parce que le prix de leur travail dépend de l'importance de leurs gages et des frais de ménage qu'ils ont occasionnés. Dans ces conditions, nous conseillons aux exploitants qui désirent avoir des détails précis sur toutes leurs opérations, d'établir deux comptes distincts de *Main-d'œuvre,* l'un pour les journaliers et l'autre pour les gagistes. En opérant ainsi, ils pourront, à la fin de l'année, connaître très-exactement les dépenses occasionnées par chacune de ces deux catégories de travailleurs, et, en les comparant au nombre des journées faites par les uns et par les autres, ils pourront apprécier facilement la valeur comparative de leur emploi.

EMBLAVURES

Les frais de préparation et d'ensemencement des terrains pour des cultures qui ne fourniront des récoltes que dans le courant de l'année suivante, doivent être aussi exactement notés que toutes les autres dépenses d'une exploitation. Par ce moyen, il sera ensuite facile de faire supporter à chacune des plantes cultivées sur un domaine tous les frais de culture qui doivent lui être attribués.

La constatation de tous ces frais se fait à l'aide d'un compte spécial, appelé compte des *Emblavures*, et c'est à son débit qu'on les enregistre à mesure qu'ils sont déterminés.

Ces avances faites au sol au profit de certaines cultures, des céréales par exemple, sont, à la fin de chaque année, portées à l'*actif* de l'inventaire de sortie qui sert à les solder. Elles devront aussi être inscrites, sous le même titre, à l'inventaire d'entrée qui va suivre, pour être ensuite portées à leur place dans les comptes où elles doivent figurer. Si l'on trouve, je suppose, à l'inventaire d'entrée, une somme de 500 francs représentant les frais d'emblavures pour la culture du blé, c'est au compte *Blé* que cette somme sera inscrite, au même titre que toutes les dépenses qui seront faites depuis le premier janvier jusqu'à la récolte de cette plante.

On pourrait peut-être négliger de noter séparément les frais des emblavures et les porter aux comptes de l'année courante, si tous les ans ils représentaient exactement la même dépense ; mais il est bien rare que, dans la pratique, les choses se passent tout à fait ainsi. Les mêmes plantes n'occupent pas chaque année la même étendue de terrain ; tous les ans, les travaux de préparation du sol et d'ensemencement ne se font pas avec la même facilité et, par suite, n'occasionnent pas la même dépense ; enfin il arrive assez souvent qu'on change les semences ou qu'on en achète une certaine quantité. Pour toutes ces raisons, le compte des emblavures a raison d'être, et, dans une comptabilité bien faite, il ne peut pas être supprimé.

FRAIS GÉNÉRAUX

Ainsi que leur nom l'indique, les frais généraux représentent des dépenses s'appliquant à l'ensemble des opérations que comporte l'exploitation d'un domaine.

Nous avons déjà dit que les frais de régie doivent faire

partie des frais généraux, dans une exploitation agricole ; nous classons également dans cette catégorie les frais d'entretien des bâtiments de la ferme, des cours et des chemins, les assurances contre l'incendie, etc., etc. Ces dépenses, qui, comme toutes les autres, doivent être déterminées avec beaucoup de soin, sont inscrites au débit du compte des *Frais généraux,* lequel est supposé les recevoir au profit de toutes les spéculations entreprises dans la ferme ; elles sont ensuite soldées, à la fin de l'année, par les comptes de production, proportionnéllement à l'importance des opérations que chacun d'eux représente.

C'est seulement les comptes des cultures, susceptibles de donner des bénéfices, qui doivent servir à solder le compte des frais généraux ; ce serait une complication inutile de faire supporter une part quelconque de ces frais aux cultures dont les produits ne peuvent être utilisés que dans la ferme, car ces cultures ne représentent elles-mêmes que des dépenses faites pour l'obtention des produits dont la valeur échangeable doit donner la mesure du résultat final, se traduisant par une perte ou par un profit.

Ainsi, par exemple, on ne ferait pas un travail utile en inscrivant au débit de la production des fourrages verts une partie des frais généraux de l'exploitation d'un domaine, parce que ces fourrages verts ne sont cultivés qu'en vue d'aider la culture des plantes dont les produits doivent servir à payer toutes les dépenses de cette même exploitation.

Pour déterminer la part de frais généraux à faire supporter à chacune des opérations agricoles pour lesquelles ces frais ont été faits, il faut prendre pour base les dépenses inscrites au débit de chaque compte établi pour l'analyse de ces mêmes opérations.

En effet, supposons que la dépense faite pour la culture d'une plante soit représenté par 10, et que celle de la culture d'une autre plante soit représentée par 5 ; cela voudra dire, en général, que la première a une importance double de la seconde, et qu'on espère retirer deux fois plus de produits de celle-ci que de celle-là. Et, si les faits prouvaient qu'il en est autrement, l'agriculteur intelligent ne tarderait pas à réduire ou à supprimer celle qui lui coûte le plus, afin de pouvoir augmenter ou adopter uniquement celle qui lui coûte le moins.

Il serait superflu d'insister sur ce fait que, à mesure qu'on fait des dépenses pour une culture, on accroît son importance, et que la part des frais généraux qui doit lui revenir ne saurait être régulièrement calculée qu'en raison de l'importance qu'elle prend.

On a conseillé quelquefois de prendre le *produit brut* des cultures pour bases de détermination des frais généraux à leur faire supporter. Cette manière d'opérer laisse beaucoup à désirer, en ce sens qu'un produit brut peut être très-faible, quoique la dépense faite pour l'obtenir ait été fort élevée.

Par la même raison, le *produit net* ne donnerait pas de meilleurs résultats ; il rendrait même la répartition impossible, si les dépenses étaient supérieures ou égales au produit brut.

Lorsqu'on veut répartir les frais généraux en prenant pour base le chiffre de la dépense occasionnée par chacune des spéculations entreprises dans la ferme, on fait le total général de toutes ces dépenses, et, en le comparant à celui des frais généraux, on trouve un rapport qui permet d'établir une répartition proportionnelle très-exacte, dite *au marc le franc.*

Un moyen plus simple, mais moins rationnel, consiste à solder le compte des frais généraux par le compte des pertes et profits : ce qui revient à dire que ces frais généraux sont tout simplement considérés comme des pertes qui doivent être déduites des bénéfices obtenus.

Par ce procédé sommaire, on obtient un résultat final exactement égal à celui qui est fourni par une répartition proportionnelle à la dépense ; mais quelquefois il laisse croire à certains bénéfices qui, en réalité, n'existent pas. Ainsi, par exemple, un compte de production qui fera ressortir un bénéfice, s'il ne lui est attribué aucune partie des frais généraux, pourra au contraire indiquer une perte, si on lui fait supporter la part qui lui revient de ces frais.

En somme, le solde du compte des frais généraux par les comptes de production est plus satisfaisant que celui qui est fait avec le compte des pertes et profits, quoique, dans les deux cas, le total des bénéfices ou des pertes reste absolument le même.

Quelquefois on porte au compte des frais généraux le fermage ou loyer du sol.

Lorsque l'exploitant est le propriétaire du sol sur lequel il cultive, il se prive, par le fait de son entreprise, du loyer qu'il aurait pu retirer de sa propriété. Par conséquent le fermage, auquel il renonce, peut être considéré comme une dépense dont il doit être payé par les bénéfices qu'il retire de l'exploitation de ses terres, dépense qui aurait été pour lui une recette si, au lieu de cultiver son domaine, il l'avait loué.

Supposons, par exemple, qu'un propriétaire puisse retirer de son domaine une somme de 4,000 francs par an en le cédant à un fermier, et admettons que, en l'exploitant lui-même, il réalise, pendant ce même laps temps, un bénéfice de 10,000 fr., cela voudra dire qu'il aura gagné, par son travail, la différence entre 4,000 et 10,000 francs, c'est-à-dire 6,000 francs.

Si le propriétaire exploitant veut faire ressortir la part qui revient à chacune de ses cultures dans le loyer du sol sur lequel elles sont pratiquées, il peut faire cette répartition à l'aide du compte des frais généraux ; seulement il faut observer que, dans cette circonstance, la base de répartition, telle que nous l'avons admise pour les autres dépenses sans affectation spéciale, n'offre plus la même exactitude, car le loyer d'une terre n'est pas toujours bien en rapport avec les frais qui sont faits pour la cultiver. De même, le prix moyen du loyer par unité de surface, c'est-à-dire par hectare, constitue un mode de répartition d'une bien faible régularité, à cause de la diversité qu'on rencontre dans la valeur des différentes parties d'un domaine d'une certaine étendue.

Par suite de toutes ces difficultés, nous croyons qu'il est préférable de ne pas porter le loyer en dépense dans une comptabilité agricole, et qu'il suffit à l'exploitant propriétaire, pour être suffisamment renseigné sur le résultat de son entreprise, de savoir quel est le prix qu'il aurait retiré de son domaine s'il ne l'avait pas exploité.

Lorsque l'exploitant est un fermier, le prix de la location qu'il doit payer au propriétaire représente la première partie des bénéfices qu'il a pu réaliser. Le montant du loyer dont il est redevable ne constitue pas une dépense analogue à celles qu'il est obligé de faire pour ses cultures dans le courant de l'année ; c'est pour ainsi dire un partage avec le propriétaire, et suivant un chiffre déterminé à l'avance, des bénéfices que son travail lui a procurés. Et on peut dire que c'est là ce qui le distingue, en grande partie, de l'exploitant par métayage, puisque ce dernier, en partageant la récolte avec son propriétaire, paye une redevance dont la valeur peut varier chaque année.

En résumé, s'il n'est pas impossible de répartir la dépense en loyer des terres sur les cultures pratiquées dans une ferme, il n'est pas indispensable de faire cette répartition pour bien se rendre compte des résultats obtenus. C'est pour cela que nous croyons pouvoir conclure qu'on peut se contenter de déduire, à la fin de chaque année, le prix du fermage du total des bénéfices réalisés, pour connaître la somme représentative de la valeur des opérations exécutées.

PERTES ET PROFITS

Ce compte d'ordre est établi pour récapituler toutes les pertes et tous les profits qui peuvent être faits par les différentes spéculations entreprises dans une ferme. C'est un auxiliaire du compte *Capital net* pour l'enregistrement des pertes éprouvées et des bénéfices réalisés, en faisant connaître les comptes de spéculation qui leur ont donné lieu.

Le mécanisme du compte *Pertes et Profits* est des plus simples : toutes les pertes sont inscrites à son débit, comme s'il avait reçu les sommes qui les représentent; tous les bénéfices sont portés à son crédit, comme si c'était lui-même qui les aurait fournis. C'est avec ce compte que tous les comptes de production sont soldés, quels que soient les résultats des spéculations qu'ils représentent.

Pour le solder à son tour, on fait la comparaison du total des sommes inscrites à son débit, et représentant des pertes, avec celui des sommes inscrites à son *Crédit*, représentant des bénéfices. La différence entre ces deux totaux indique un bénéfice, si celui du crédit est supérieur à celui du débit, et une perte, lorsque c'est le contraire qui a lieu.

Dans le cas où le solde du compte pertes et profits repré-

sente un bénéfice, cela veut dire que le *capital net* s'est accru.
Ce bénéfice doit être ajouté à l'*Avoir* de ce dernier compte,
dont le chiffre primitif a été déterminé par l'inventaire d'entrée. Si cet *Avoir* était, je suppose, de 50,000 francs au commencement de l'année, il sera de 60,000 francs à la fin de la
même année, lorsque les bénéfices se seront élevés à 10,000 fr.
Admettons, au contraire, que le capital net ne soit que de
45,000 fr. à l'inventaire de sortie, cela voudra dire que l'exploitant a perdu 5,000 francs dans ses diverses spéculations,
et que le compte Pertes et Profits se solde par une perte égale
à cette somme.

La pratique du solde de ce compte récapitulatif des pertes
et des bénéfices est, comme on peut le voir, très-facile à comprendre ; l'exemple complet que nous en fournissons dans la
suite de ce travail suffira aisément pour faire connaître la manière de l'effectuer.

COMPTES COURANTS

Le capital destiné à l'exploitation des terres d'un domaine
est formé de valeurs mobilières qui, dans une comptabilité
bien tenue, sont enregistrées et classées par l'inventaire d'entrée.

Le service de ce capital d'exploitation et les opérations diverses de la ferme nécessitent des dépenses qui créent à l'exploitant de relations d'intérêt se rapportant à des fournitures
ou à des travaux qu'il doit payer à des dates déterminées ;
pour réaliser la valeur des produits que son industrie lui pro-
cure, il est obligé quelquefois de faire des ventes dont le montant ne lui est pas immédiatément soldé ; enfin il a aussi quelquefois des relations d'intérêt avec un banquier auquel il re-
met des espèces, en se réservant de les retirer au fur et à
mesure qu'il en aura besoin pour le service de son exploitation.

Dans ces circonstances, il ne peut se rendre facilement
compte de sa situation envers ses débiteurs et ses créanciers

qu'en établissant des comptes qui lui feront connaître ce qu'il doit et ce qui lui est dû à un moment donné. Ces comptes sont dits *comptes particuliers*, et plus particulièrement *comptes courants* lorsqu'il s'agit d'affaires avec un banquier.

Les comptes particuliers d'une exploitation agricole sont très-souvent d'une importance assez faible pour qu'il soit facile de les réunir de manière à n'en avoir que deux : l'un pour toutes les sommes à percevoir, et l'autre pour toutes les sommes à payer. Le premier de ces comptes porte le titre de *Débiteurs divers*, et le second celui de *Créanciers divers*.

Quoi qu'il en soit, ces comptes sont établis d'après les mêmes principes que ceux dont nous nous sommes déjà occupé, c'est-à-dire qu'ils sont débités, lorsqu'ils constatent une valeur reçue par les personnes que ces comptes représentent, et crédités, lorsque ces mêmes personnes payent les sommes qui leur ont été remises, ou qui proviennent de la vente qu'on leur a faite de produits ou denrées.

Dans la généralité des cas, les comptes particuliers ne sont, pour ainsi dire, que de véritables comptes d'ordre, parce qu'ils indiquent tout simplement des sommes dues ou payées. Quelquefois ils représentent un mouvement d'argent donnant lieu à la production d'un intérêt qui aura une influence sur la détermination de leur solde à la fin de l'année.

Le calcul des intérêts relatifs aux sommes qui composent un compte courant n'offre aucune difficulté ; il suffit, pour le faire avec exactitude, de connaître le taux qui a été convenu et la date à partir de laquelle ces intérêts doivent être comptés.

Pour faire ce petit travail, on peut suivre la marche indiquée par la formule suivante : $i = \dfrac{a \times t \times n}{360}$, dans laquelle i représente l'intérêt, a la somme placée, t le taux pour un franc et n le nombre de jours pendant lequel cet intérêt doit être compté. Autrement dit, pour trouver l'intérêt d'une somme placée, je suppose, à l'intérêt de 5 pour cent l'an, il faut multiplier cette somme par l'intérêt qui correspond à un franc, soit 0,05, multiplier le chiffre ainsi obtenu par le nombre de jours du placement, et diviser ce dernier produit par 360.

Avec ce procédé, qui est très-simple, on obtient un résultat d'une rigueur mathématique, permettant de trouver facilement toutes les sommes d'intérêt simple à recevoir ou à payer.

Quant à l'intérêt composé, l'agriculteur n'en fait pour ainsi dire pas usage, et nous ne croyons pas qu'il soit nécessaire de nous en occuper.

Lorsque les comptes courants ne sont pas entièrement soldés à la fin de l'année, ils indiquent, soit des dettes de l'exploitant, soit des créances qu'il a à recouvrer. Dans le premier cas, ce solde est porté au *Passif* de l'inventaire de sortie; dans le second cas, il figure à l'*Actif* de ce même inventaire.

PRATIQUE

DE LA COMPTABILITÉ AGRICOLE

La pratique raisonnée est le seul moyen d'acquérir l'art du comptable.

Lorsqu'une comptabilité est établie avec méthode, elle est très-facile à comprendre, et la tenue des livres qu'elle comporte se fait avec une très-grande facilité.

Pour être bien faite, une comptabilité agricole doit permettre à l'exploitant de noter avec précision et clarté tous les faits comptables des opérations qu'il exécute. Elle doit aussi lui permettre de classer facilement tous ces faits, de les grouper et de les totaliser, pour en déduire clairement les résultats des spéculations auxquelles ils se rapportent.

Une autre condition à laquelle elle doit également satisfaire, c'est de fournir les moyens de suivre les mouvements de toutes les valeurs employées dans l'exploitation d'un domaine, de faire connaître leur provenance et d'indiquer leur utilisation.

Le seul système de comptabilité qui permette d'obtenir tous ces résultats, c'est celui qu'on désigne sous le nom de *comptabilité en partie double*.

Nous ne nous arrêterons pas longtemps à faire ressortir la différence qu'il y a entre ce système et celui qui est qualifié de *comptabilité en partie simple*, par la raison que nous n'avons jamais bien compris ce que pouvait être une comptabilité justifiant cette dernière dénomination.

Ainsi, par exemple, nous n'avons jamais pu saisir comment on pourrait inscrire un fait comptable en partie simple, alors qu'il n'est pas possible de le concevoir isolément, c'est-à-dire sans être obligé de reconnaître qu'il procède d'une cause et qu'il n'est que la manifestation d'un effet. Pour nous, toute opération comptable présente un caractère de dualité qu'il est impossible de méconnaître sans diminuer considérablement l'utilité des écritures qui servent à l'enregistrer.

Lorsqu'un exploitant met, je suppose, une somme de 100 fr. dans sa caisse, il ne peut, dans les écritures qu'il fait pour constater la réception de cette somme, négliger toute indication relative à sa provenance, à moins qu'il ne veuille ignorer la moitié de ce qu'il a fait. Et, si la comptabilité en *partie simple* consiste à enregistrer l'encaissement de ces 100 francs sans indiquer d'où ils proviennent, nous préférons la comptabilité en *partie double*, avec laquelle nous inscrirons que c'est, par exemple, le *Magasin* qui a fourni cette somme à la *Caisse* par la vente au comptant de 5 hectolitres de blé, à raison de 20 francs l'hectolitre. De même nous préférerons inscrire que la *Culture des vesces* a fourni pour la *Vacherie* 10,000 kilogrammes de fourrage vert, ayant coûté 200 francs à produire, que de noter tout simplement la récolte de ce produit.

Il serait, ce nous semble, superflu d'insister sur ce fait que, pour avoir toute l'utilité qu'on peut en attendre, les écritures comptables doivent être faites de manière à fournir des indications précises et complètes sur l'origine et l'utilisation des valeurs qu'elles ont enregistrées. Lorsque, par exemple, une valeur inscrite à un compte est employée au service d'une opération représentée par un autre compte, on doit constater ce déplacement dans les deux comptes à la fois : dans le premier, on l'inscrit au *Crédit,* pour en constater la sortie ou la fourniture ; dans le second, on l'écrit au *Débit,* pour en constater la réception ou l'emploi. Par ce moyen, l'opération comptable est indiquée d'une manière complète, et aucune erreur ne peut se produire sans qu'il soit facile de s'en apercevoir. On doit même dire que, dans ce système de comptabilité, aucune erreur ne peut subsister à la fin de l'année, par la raison que chaque somme inscrite à l'*Avoir* d'un compte figure au *Doit* d'un autre compte, ce qui fait que ces deux parties des écritures comptables doivent toujours fournir des totaux égaux l'un à l'autre.

En résumé, avec la comptabilité en partie double, on fait des comptes qui indiquent la provenance de toutes les valeurs enregistrées, qui font connaître l'emploi de toutes ces mêmes valeurs, et qui se vérifient par eux-mêmes à cause de la rationalité du système mis en pratique pour les établir.

Nous avons entendu dire, très-fréquemment, qu'une comptabilité en partie double nécessitait un travail trop considérable pour que le chef d'une exploitation agricole puisse le faire par lui-même, c'est-à-dire sans avoir besoin d'un agent spécial pour l'effectuer. C'est là, d'après notre expérience, une assertion qu'on ne saurait trop combattre, parce qu'elle n'est nullement l'expression de la réalité. Avec des livres bien établis, les écritures journalières de la comptabilité agricole sont presque insignifiantes, et nous pouvons affirmer que dans quelques minutes, un quart d'heure environ, on peut facilement les effectuer. Ce que l'on a à inscrire journellement dans les livres de la comptabilité d'une ferme, ce sont les travaux faits par les attelages et les divers agents de l'exploitation. Tous les autres faits ne s'inscrivent, quelques-uns que périodiquement, et quelques autres qu'au fur et à mesure de leur constatation, c'est-à-dire à des intervalles de temps irrégulièrement espacés.

L'occupation que donnent toutes ces écritures est assez insignifiante, surtout lorsque l'exploitant s'en charge lui-même, ou bien lorsqu'elle est attribuée à un agent de la ferme auquel tous les faits à noter sont parfaitement connus. Si les livres sur lesquels doivent être faites les écritures comptables n'étaient pas tracés à l'avance, cela augmenterait considérament le travail à faire pour les tenir. Il est bien préférable de les commander à un fabricant de registres, qui peut les livrer à un prix bien au-dessous de la valeur du temps qu'on emploierait pour les établir soi-même. Lorsqu'ils sont tracés d'après de bons modèles, ces registres sont d'une tenue très-facile et très-rapide, en même temps que les faits enregistrés ne peuvent être confondus les uns avec les autres, ce qui permet de les utiliser facilement pour faire les comptes qui doivent servir à les récapituler. Mais ce sont là des détails de pratique sur lesquels il n'est pas nécessaire d'insister outre mesure, parce que toute personne capable de faire les écritures comptables sera toujours à même de les apprécier.

Une autre point d'une importance capitale dans la tenue

d'une comptabilité agricole, c'est que les faits enregistrés soient bien classés par les écritures faites à ce sujet. Du bon classement des faits comptables dépend en très-grande partie l'utilité d'une comptabilité quelconque, et, par suite, il y a nécessité absolue de porter le plus grand soin à la tenue des livres employés pour faire ce travail.

TENUE DES LIVRES

La tenue des livres est l'art d'inscrire avec méthode tous les faits comptables qui se produisent dans une exploitation.

Il n'est pas absolument indispensable d'être agriculteur pour tenir régulièrement les livres d'une comptabilité agricole. Lorsque ces livres sont bien établis, c'est-à-dire lorsque leur tracé est bien approprié à leur usage, rien n'est plus facile que d'y inscrire toutes les opérations qu'ils doivent enregistrer. Toutefois, si la personne qui fait ce travail est étrangère à l'exploitation, et surtout si elle n'est nullement initiée aux choses de l'agriculture, l'exploitant doit lui fournir tous les renseignements nécessaires pour que les écritures qu'elle fait soient l'expression exacte de la réalité.

Les faits comptables à recueillir tous les jours dans l'exploitation d'un domaine sont assez nombreux et assez variés pour qu'il soit indispensable de prendre des dispositions particulières pour les noter avec exactitude, et sans avoir un travail trop considérable à effectuer. Si la tenue d'une comptabilité agricole ne pouvait se faire sans l'intervention d'un agent spécial, il faudrait y renoncer dans le plus grand nombre des circonstances, parce que les frais de ce teneur de livres seraient assez considérables pour que l'exploitant n'ait aucun avantage réel à retirer de ce travail.

Pour être faite dans toutes les conditions d'exactitude et de sincérité désirables, la comptabilité agricole doit être tenue par l'exploitant lui-même, lorsque cela est possible, ou dirigée par lui avec la plus grande ponctualité. S'il a une vocation réelle pour sa profession, l'agriculteur intelligent éprouvera un vrai plaisir à contrôler par sa comptabilité les opérations qu'il exécute ; il ne fera jamais ce travail avec peine, parce qu'il en retirera toujours de très-intéressantes indications.

Au reste, lorsqu'une comptabilité agricole est bien organisée, l'occupation qu'elle donne, nous l'avons déjà dit, est presque insignifiante, parce que rien n'est plus facile que l'inscription des faits qu'elle doit enregistrer. De plus, le concours des principaux agents de l'exploitation est une excellente pratique pour la tenue de certains livres, et diminue un peu le travail de celui qui est chargé de tout coordonner.

Établie d'après ces principes, la comptabilité d'une ferme est très-facile à faire, pourvu que les livres qu'elle comporte soient tracés de manière à être bien compris par les personnes qui peuvent aider à les tenir.

C'est pour arriver à ce résultat que nous avons adopté les modèles de livres indiqués ci-après, et sur lesquels nous croyons devoir fournir quelques indications particulières.

Mais, auparavant, il nous paraît utile de faire connaître les principes d'après lesquels ces livres ont été établis.

En agriculture, les faits à enregistrer par la comptabilité sont très-nombreux et souvent assez variés ; il n'y a pas de jour qu'il ne soit indispensable d'en noter un certain nombre, si l'on ne veut pas s'exposer à les oublier ou à se tromper. Par conséquent, les livres employés à cet usage doivent permettre d'inscrire journellement toutes les opérations auxquelles ils se rapportent, sans que ces opérations puissent être confondues avec celles des jours qui précèdent ou des jours qui vont suivre.

Pour avoir toute la clarté désirable, chacun d'eux doit être affecté à l'inscription de faits comptables appartenant tous à une nature d'opérations déterminées. Ces livres, que l'on pourrait appeler livres de notes journalières, ont été toujours désignés sous le nom de *livres auxiliaires*. Nous pensons qu'il serait beaucoup plus exact de dire que ce sont des *journaux spéciaux*, puisqu'ils sont d'un usage quotidien et qu'ils servent à inscrire et à classer tous les faits comptables des opérations exécutées dans une exploitation.

Lorsque ces livres sont bien établis et bien tenus, ils permettent d'établir facilement tous les comptes qui font partie d'une comptabilité agricole, sans qu'on ait besoin de transcrire les données qu'ils renferment pour les mettre sur un autre livre appelé *journal*, lequel est habituellement rédigé avec des formules qui sont peu familières aux personnes ne faisant pas profession de tenir des livres de comptabilité. Au surplus, ce journal récapitulatif de tous les livres auxiliaires, ou journaux spéciaux, est assez improprement désigné lorsqu'il s'agit d'une comptabilité agricole, car, au lieu de servir à noter jour par jour tous les faits comptables qui se produisent dans la ferme, il ne sert qu'à résumer ces faits à des dates plus ou moins éloignées.

Ainsi, par exemple, on n'inscrira pas journellement sur ce livre la quantité de lait produit par les animaux d'une vacherie ; on ne fera ce travail que tous les quinze jours ou tous les mois, lorsque le produit des vaches sera évalué et utilisé. Mais alors, il est aussi facile et plus simple d'en passer directement écriture au compte de la *Vacherie*, en le créditant des mêmes sommes que celles qu'on aurait inscrites sur le journal.

Enfin les faits comptables, n'étant inscrits dans ce livre que par ordre de date, sont tous mélangés, ce qui ne permet pas de s'en servir, pour en tirer des conséquences, sans les dépouiller et les classer.

Avec les journaux spéciaux, au contraire, tous ces faits étant classés suivant leur date et leur nature, rien n'est plus facile que de les apprécier.

L'emploi d'un journal général est, pour ces raisons, tout au moins superflu dans une comptabilité agricole ; les journaux spéciaux doivent le remplacer et lui être préférés. Avec eux, le travail des écritures est beaucoup moins long, bien plus facile, et les indications recueillies sont toutes classées pour être portées au compte des opérations qui sont exécutées.

Le nombre de journaux spéciaux à établir dans une comptabilité agricole dépend du nombre de spéculations entreprises dans l'exploitation. Ceux dont l'utilité est la plus générale sont les suivants :

1° Le Livre des inventaires ;
2°   — de caisse ;
3°   — des magasins ;
4°   — des travaux ;

5° Le Livre de paye des journaliers ;
6°   — de la consommation du ménage ;
7°   — de la consommation des animaux ;
8°   — de la vacherie ou de la production et de l'utilisation du lait.

Suivant les circonstances, il serait facile d'établir d'autres livres spéciaux pour l'inscription des faits comptables qui ne pourraient trouver place dans aucun de ceux que nous venons d'indiquer.

Avec ces livres de notes journalières, rien n'est plus facile à un agriculteur que de faire les comptes qui doivent lui servir à déterminer le résultat final de chacune de ses spéculations et, par suite, d'établir le *Grand-Livre* de sa comptabilité.

Au lieu de journaux spéciaux, quelques personnes conseillent la tenue d'un livre auxiliaire unique, qu'elles appellent *Brouillard général*, sur lequel toutes les opérations journalières sont successivement enregistrées tous les soirs, c'est-à-dire sur lequel on inscrit, par exemple, les entrées et les sorties des denrées en magasin, les entrées et les sorties des valeurs en espèces, la nature et l'importance des travaux exécutés, la quantité de nourriture consommée par le ménage et le bétail, le lait produit par la vacherie, etc., etc. Mais, en opérant ainsi, on a ensuite un travail considérable pour faire le dépouillement de tout cet imbroglio, et on est très-exposé à commettre des erreurs nombreuses. Au contraire, en suivant un procédé didactique, c'est-à-dire en ayant des livres spéciaux pour l'enregistrement de tous les faits comptables de même nature, au fur et à mesure qu'ils se produisent, on obtient des indications bien distinctes les unes des autres, sans avoir besoin de les écrire à nouveau pour les classer.

Le nombre des livres auxiliaires n'est donc pas, comme quelques personnes pourraient le croire, une cause d'augmentation de travail dans la tenue d'une comptabilité agricole ; c'est, au contraire, une diminution de ce travail, attendu que l'inscription et le classement des faits comptables ne constituent qu'une seule et même opération.

Cette particularité mérite d'être signalée, parce qu'elle démontre que le système des journaux spéciaux correspond au *minimum* du temps à employer pour établir les comptes représentant les spéculations qui se font dans une ferme ; ce qui revient à dire que ces livres permettent de faire très-facilement, et presque sans frais, le travail de la comptabilité.

Nous se saurions trop le répéter, lorsqu'un agriculteur aura employé quelques minutes par jour à noter sur des livres auxiliaires bien établis les faits comptables qui se produisent dans son exploitation, il ne lui restera plus qu'à les coordonner pour en déduire les résultats qu'il aura obtenus. Il pourra même faire ce dernier travail à ses moments de loisir, ce qui est un avantage précieux pour lui, à cause de la multiplicité des opérations qu'il dirige et qui absorbent presque tout son temps à des époques déterminées.

Dans le but de démontrer l'exactitude des principes que nous avons émis et de compléter la démonstration du système que nous avons suivi pour notre pratique de comptabilité agricole, nous allons donner un exemple de ce travail pendant toute une année.

LIVRE DES INVENTAIRES

Dans le but de se rendre compte des variations qu'a pu subir le montant du capital d'exploitation d'une ferme dans une période de temps déterminé, il est nécessaire de conserver les inventaires faits successivement chaque année.

Pour cela, il est préférable d'en constituer un livre que de les conserver sur des feuilles libres, qui peuvent être facilement égarées.

INVENTAIRE D'ENTRÉE

Le premier travail à faire pour établir une comptabilité agricole consiste à déterminer, avec toute la précision possible, le montant des valeurs dont la mise en œuvre forme la base essentielle des opérations que l'agriculteur doit exécuter.

Ce travail préliminaire de toute comptabilité est désigné sous le nom d'*inventaire d'entrée*.

C'est au 1ᵉʳ janvier qu'on établit, en général, l'inventaire qui doit servir de point de départ à la comptabilité de la ferme. Pour qu'il soit fait avec toute la clarté désirable, il faut que les différentes catégories de valeurs qui le composent soient bien distinctes les unes des autres, ainsi que cela a lieu dans le modèle qui suit.

INVENTAIRE GÉNÉRAL

DES VALEURS EXISTANT AU 1ᵉʳ JANVIER

ACTIF

IMMEUBLES   (Mémoire)

(Voir, à l'article *Inventaire,* ce que nous avons dit sur cette catégorie de valeurs, comprenant le sol et les bâtiments de la ferme.)

CAPITAL D'EXPLOITATION

MATÉRIEL

Instruments attelés :

2 charrettes................ à fr. 300 l'une	600	»		
2 tombereaux................ » 150 »	300	»		
1 chariot................	350	»		
5 charrues................ » 60 »	300	»		
2 herses................ » 30 »	60	»		
1 rouleau................	40	»		
1 houe à cheval................	50	»		
1 extirpateur................	70	»		
1 faucheuse................	600	»		
Total......			2.370	»
Outils divers :				
A détailler : Pioches, pelles, bêches, houes, râteaux, faulx, etc., etc................ensemble	»	»	500	»
Matériel des magasins :				
A détailler : Instruments de pesage et de mesurage, sacs, pelles, fourches, futailles et divers	»	»	1.500	»
Matériel du ménage :				
A détailler : Meubles et ustensiles de cuisine, lingerie, literie et divers................	»	»	950	»
Matériel de la bouverie :				
3 jougs doubles................ à fr. 10 l'un	30	»		
4 couvertures................ » 6 »	24	»		
Etrilles, cardes, seaux et divers................	40	»		
Total......			94	»
A reporter...	»	»	5.414	»

	Report.......		»	»	5.414 | »
Matériel de l'écurie :					
3 harnais de charrette...............	à fr. 60 l'un	180	»		
3 id. de labour..................	» 50 »	150	»		
1 id. de chariot....................		125	»		
2 étrilles.......................	» 1 »	2	»		
5 brosses	» 0,80 »	4	»		
3 couvertures....................	» 6 »	18	»		
Longes, licols, fourches, seaux et divers...........		70	»		
	Total......			549	»
Matériel de la vacherie :					
A détailler : Seaux gradués, seaux ordinaires, baratte, couvertures, pelles, étrilles et divers.............		»	»	180	»
Matériel de la bergerie :					
A détailler : Râteliers doubles, seaux, baquets et divers...........................		»	»	100	»
Matériel de la porcherie :					
2 auges mobiles...................	à fr. 25 l'une	50	»		
Seaux, baquets et divers................		20	»		
	Total......			70	»
Matériel de la basse-cour :					
A détailler : Cages, baquets et divers............		»	»	10	»
	Montant du Matériel....		....	....	6.323 | »

BÉTAIL

Attelages de bœufs :					
4 animaux de 600 fr. l'un.............		»	»	2.400	»
Attelages de chevaux :					
2 chevaux de 8 ans.......	à fr. 900 l'un	1.800	»		
1 jument de 10 ans...............		800	»		
	Total......			2.600	»
Vacherie :					
6 vaches de 6 ans.......	à fr. 600 l'une	3.600	»		
4 vaches de 7 ans.......	» 500 »	2.000	»		
1 taureau.....................		700	»		
2 veaux................	» 75 »	150	»		
2 génisses...............	» 250 »	500	»		
	Total......			6.950	»
Bergerie :					
50 moutons pour engraissement, à fr. 30 l'un		»	»	1.500	»
Porcherie :					
4 truies................	à fr. 150 l'une	600	»		
1 verrat.....................		200	»		
12 porcelets...........	» 50 »	600	»		
	Total......			1.400	»
	A reporter..		14.850	»	6.323 | »

Report.. ...				14.850	»	6.323 »
Basse-cour :						
25 poules et coqs.......... à fr. 2 l'un	50	»				
10 canards......... .... » 1,50 »	15	»				
50 pigeons............... » 1 »	50	»	115	»		
Total.......						
Montant du bétail....						14.965 »
Caisse :						
Numéraire....			»	»		3.561 80
Débiteurs divers :						
Pierre, pour achat de blé en 1882. ...	1.000	»				
Louis, pour achat de vin id. ...	1.100	»				
Total......						2.100 »

MAGASINS

Denrées échangeables :					
100 hectolitres de blé...... à fr. 20 l'un	2.000	»			
80 id. d'avoine..... » 10 »	800	»			
100 id. de vin...... » 20 »	2.000	»			
20,100 kilogrammes de paille à fr. 2,50 %	502	50			
25,000 id. de foin... » 6 » %	1.500	»			
10,000 id. de trèfle.. » 6 » %	600	»			
5,000 kilogr. de pommes de terre à fr. 6 %	300	»			
500 fagots de sarment...... » 6 %	30	»			
Total......			7.732	50	
Denrées de ménage :					
44 kilogr. de pain. .... à fr. 0,25 le k°	11	»			
80 litres de vin........ » 0,20 le litre	16	»			
10 kilogr. de lard..... » 1,75 le k°	17	50			
10 id. d'huile à manger » 1,50 »	15	»			
10 id. d'huile à brûler.. » 1,20 »	12	»			
4 id. de fromage.... » 1,25 »	5	»			
10 id. de sel........ » 0,20 »	2	»			
Epiceries diverses...............	5	»			
Total......			83	50	
Denrées de transformation :					
60,000 kilogr. de betteraves évaluées...... à fr. 1,50 %	900	»			
11,640 kilogr. de carottes, évaluées...... » 3 %	349	20			
150,000 kilogr. de fumier, évalué...... » 0,70 %	1.050	»			
Total......			2.299	20	
Montant des denrées en magasin.....					10.115 20

AVANCES EN 1882 POUR CULTURES DE 1883

Engrais en terre :			
25,000 kilogr. de fumier employé en automne 1882, pour culture de blé en 1883, au prix d'évaluation de l'inventaire, soit...... à fr. 0,70 %	175	»	
A reporter..	175	»	37.065 »

| | | | Report..... | ...... | ... | 175 | » | 37.065 | » |

Emblavures :

Culture du blé.....	800	»
id. de l'avoine............	180	»
id. du trèfle..........................	185	»

| Total...... | | 1.165 | » |

Montant des avances en 1882 pour cultures de 1883..   1.340 | »

Total de l'Actif.. ..   38.405 | »

PASSIF

Créanciers divers :

Charron...Charron.	250	»
Maréchal..	175	»
Jacques (Billet au 15 mars 1883)............	600	»

Total du Passif......   1.025 | »

RÉCAPITULATION

Montant de l'ACTIF....	38.405	»
Montant du PASSIF..............	1.025	»

Capital net, ou excédant de l'ACTIF sur le PASSIF........ ....   37.380 | »

Il nous paraît presque inutile de faire observer que tous les chiffres que nous avons employés pour établir cet inventaire n'ont d'autre signification que celle de leur valeur numérique, c'est-à-dire qu'ils ne peuvent nullement servir de base pour l'établissement d'une comptabilité effective, dans laquelle aucune donnée ne doit être admise sans être l'expression d'un fait matériel pratiquement constaté.

Cette même observation s'applique également à tous les chiffres dont nous ferons usage pour le reste de notre travail.

L'utilité d'un inventaire, c'est de faire connaître le total des valeurs dont la mise en œuvre doit servir à [l'exécution des opérations que comporte l'industrie agricole, et dont l'analyse ne peut être bien faite qu'avec le concours de la comptabilité.

L'ensemble de toutes ces valeurs constitue le *Capital d'exploitation*, pour lequel il est nécessaire d'établir un compte spécial qui permette de constater les variations que son total peut subir dans un temps donné. C'est ce compte qui est désigné sous le nom d'*Inventaire*.

Le capital dont dispose un exploitant peut lui appartenir en totalité ou en partie seulement. Dans ce dernier cas, il est rationnel et utile d'établir, en plus du compte inventaire, deux autres comptes représentant, l'un l'*Avoir* de l'exploitant, l'autre l'*Avoir* des créanciers.

Le premier de ces comptes est désigné sous le nom de *Capital net*, le second sous celui de *Créanciers divers*.

En opérant de cette manière, la situation est très-nettement établie ; et, à la fin de l'année, lorsque toutes les opérations sont terminées, il est facile de voir si le capital net a augmenté ou diminué. Si, par exemple, le compte de ce capital net accuse une augmentation, cela voudra dire que des bénéfices ont été réalisés ; si, au contraire, on constate une diminution, cela indiquera que le résultat de l'entreprise se traduit par une perte.

En résumé, les indications fournies par l'inventaire fait au commencement de l'année seront constatées par trois comptes, qui sont :

1° Un compte *Inventaire*, indiquant le total des valeurs que l'inventaire a pris en charge, et dont il doit être *débité;*

2° Un compte *Capital net*, représentant la part de valeurs appartenant à l'exploitant dans le total de l'*Actif*, et dont il doit être *crédité;*

3° Un compte *Créanciers divers*, qui doit être également *crédité* de la part de capital appartenant à des tiers.

Les valeurs comptables inscrites au débit du compte *Inventaire* vont subir des modifications importantes dans le courant de l'année, par suite de l'usage qui en sera fait pour le besoin des divers services de l'exploitation. Les unes seront complétement transformées, comme, par exemple, certaines denrées en magasin; les autres seront entièrement détruites, telles que certaines machines et instruments qui auront été usés. De là la nécessité d'établir des comptes particuliers pour chacune de ces catégories de valeur, afin de pouvoir apprécier, soit leur transformation, soit leur destruction. Ces comptes prendront en charge toutes les sommes portées au compte inventaire, lequel se trouvera, par ce fait, *crédité* du total des valeurs dont il avait été *débité*.

Ainsi, par exemple, le total des valeurs représentant les denrées en magasin sera inscrit au *débit* d'un compte que nous appellerons *Magasins*, par lequel nous constaterons ce que ces valeurs deviennent et quel est le service qui en a profité. En opérant de même pour chacune des autres subdivisions de l'inventaire, nous arriverons à déterminer les variations qu'ont subies, dans le courant de l'année, toutes les valeurs que cet inventaire avait enregistrées.

Pour bien apprécier toutes les modifications apportées aux totaux partiels du capital d'exploitation dans l'espace d'une année, modifications qui sont le résultat des opérations exécutées dans les divers services de la ferme, il est nécessaire d'avoir des livres spéciaux qui permettent de noter tous les faits comptables au fur et à mesure qu'ils se produisent, et de bien les classer. Ces livres, nous les avons déjà indiqués sous la dénomination de *Livres auxiliaires* ou de *Journaux spéciaux*. Avec l'inventaire, ils constituent, pour ainsi dire, toute la comptabilité agricole, le *Grand-Livre* n'ayant d'autre objet que le classement définitif de tous les faits comptables qu'ils ont enregistrés.

En conséquence, nous allons continuer notre spécimen de comptabilité agricole par la tenue des journaux spéciaux, et nous la terminerons par le Grand-Livre, où seront résumées, par nature de comptes, les opérations principales exécutées dans une ferme pendant le cours d'une année.

LIVRE DE CAISSE

Ce livre, qui est indispensable pour la tenue d'une comptabilité agricole, est d'une simplicité complète, et son emploi n'offre aucune difficulté. Il a pour objet l'inscription des sommes qui entrent ou qui sortent de la caisse, ce qui permet de connaître facilement la situation des valeurs en espèces à un moment donné.

Ce journal spécial est ordinairement tenu par l'exploitant lui-même, parce que, dans l'industrie agricole, les fonctions de caissier n'ont presque jamais assez d'importance pour nécessiter l'intervention d'un agent particulier. Cependant, lorsqu'un régisseur est chargé de remplacer le propriétaire dans l'exploitation d'un domaine, il a dans ses attributions le maniement des fonds nécessaires à la marche régulière de tous les services de la ferme, et, dans ce cas, la tenue d'un journal de caisse fait partie de ses fonctions.

Quelle que soit la personne qui ait à sa disposition les sommes nécessaires à l'exploitation d'un domaine, le journal de caisse, bien établi, permet de se rendre compte du total des sommes reçues et dépensées, ce qui donne la mesure de la quantité de valeurs en espèces mises en action dans un laps de temps déterminé.

Pour être bien fait, le *Livre de caisse* doit indiquer la provenance de toutes les sommes inscrites en recettes, et faire connaître également le motif des dépenses qui ont été soldées. De cette manière, il est facile d'attribuer à chaque spéculation la part de valeurs en argent qu'elle a fournie ou qu'elle a employée.

Il serait superflu d'insister davantage sur l'utilité du *Livre de caisse* dans une exploitation rurale, et sur la nécessité de le tenir avec précision et clarté.

Recettes   LIVRE DE

DATES		NATURE DES RECETTES	MONTANT	
1883-Janvier	1er	**Inventaire d'entrée** (voir inventaire).	3.561	80
Mars	25	**Bergerie** : Vente de 50 moutons engraissés, à 37 fr. 75 l'un..........................	1.887	50
	»	**Porcherie** : Vente de 12 gorets, à 85 fr. l'un...	1.020	»
	31	**Magasins** : Vente de 65 hectolitres de blé, à 22 fr l'un...............................	1.430	»
	»	**Magas:ns** : Vente de 25 hectolitres d'avoine, à 10 fr. l'un...........................	250	»
Avril	30	**Magasins** : Vente de 4575 kilogr. de pommes de terre, à 7 fr. %................................	320	25
		Vente de 2 veaux, à 140 fr. l'un....	280	»
	»	**Vacherie** — 2 veaux, à 95 fr. l'un........	190	»
		— 18 kilogr. de beurre, à 2 fr. le k°	36	»
		— 676 id. de from., à 1 fr. 20 le k°	811	20
	»	**Basse-cour** : Vente de 200 œufs, à 6 fr. 50 %..	13	»
	»	**Débiteurs divers** : Solde par Pierre de son achat de blé en 1882..........................	1.000	»
		Total des recettes au 30 avril.........	10.799	75

VÉRIFICATION

Recettes.........................10.799 fr. 75

Dépenses..................... 4.926   30

Reste en Caisse........ 5.873 fr. 45

DATES		NATURE DES RECETTES	MONTANT	
Septembre	30	**Magasins** : Vente de 80 hectolitres de vin, à 25 fr. l'un...............................	2.000	»
		Vente de 2 veaux, à 88 fr. l'un.....	176	»
	»	**Vacherie** — 2 veaux, à 112 fr. 50 l'un.	225	»
		— 15 kilog. de beurre, à 2 f. le k°	30	»
		— 703 id. de from., à 1 fr. 20 le k°	843	60
	»	**Porcherie** : Vente de 10 gorets, à 60 fr. l'un...	600	»
		A reporter.............	14.674	35

CAISSE **Dépenses**

DATES		NATURE DES DÉPENSES	MONTANT	
1883-Janvier	5	**Magasins** : Achat de 4,000 kilogr. de charbon, à 3 fr. %	120	»
	»	**Magasins**: Achat de 250 fagots de chêne à 15 fr. %	37	50
	13	**Main-d'œuvre** (journaliers): Paye de quinzaine.	9	»
	28	id. id.	18	»
Février	10	id. id.	51	»
	24	id. id.	93	»
Mars	10	id id.	93	»
	15	**Créanciers divers** : Solde du Passif, dont détail à l'inventaire	1 025	»
	24	**Main-d'œuvre** (journaliers): Paye de quinzaine.	55	50
Avril	7	id. id.	144	»
	21	id. id.	98	25
	30	**Matériel d'exploitation** : Achat d'outils....	200	»
	»	id. Réparations d'outils et d'instruments	160	»
	»	**Porcherie**: Achat de 598 kilogr. de farine, à 20 fr. %	119	60
	»	**Porcherie** : Achat de 762 kilogr. de son, à 12 fr. %	91	45
	»	**Culture du trèfle 1884** : Achat de 105 kilogr. de semence, à 1 fr. 75 le k°	183	75
	»	**Ménage** : Solde des achats de denrées de ménage. savoir:		
	»	id. 20 kilogr. de viande, à 1 fr. 80 le k°.	36	»
	»	id. 50 id. de lard, à 1 fr. 75 id.	87	50
	»	id. 50 id. de haricots, à 0,40 id.	20	»
	»	id. 25 id. de sel, à 0,20 le k°	5	»
	»	id. 24 litres de vinaigre, à 0,25 le litre.	6	»
	»	id. 25 kilog. d'huile à brûler, à 1 f. 25 le k°	31	25
	»	Epiceries diverses	10	»
	»	id. 4 mois de gages à la ménagère....	100	»
	»	**Main-d'œuvre** (gagistes): Solde de 4 mois de gages échus	880	»
	»	**Fabrication du pain**: Mouture de 10 hectolitres de blé, à 1 fr. 50 l'un.	15	»
	»	**Fabrication du pain** : Payement à un ouvrier pour 17 fournées de pain, à 1 fr. l'une	17	»
	»	**Culture de vesces**: 6 hectolitres de semence, à 35 fr. l'un.	210	»
	»	**Culture de betteraves**: 15 kilog. de semence, à 1 fr. 50 l'un.	22	50
	»	**Culture de carottes** : 6 kilogr. de semence, à 2 fr. 50 l'un.	15	»
	»	**Culture de navets** : 5 kilogr. de semence, à 2 fr. 40 l'un.	12	»
	»	**Chaulage** : 250 hectolitres de chaux, à 2 fr. l'un	500	»
	»	**Frais généraux** { Assur. contre l'incendie 110 f. / Impositions 350 f.	460	»
		Total des dépenses au 30 avril	4.926	30
		A reporter	4.926	30

DATES		NATURE DES RECETTES	MONTANT	
		Report......	14,674	35
1883-Septembr_e	30	**Basse-cour :** Vente de 40 poulets, à 1 fr. 50 l'un	60	»
	»	— de 30 pigeons, à 1 fr. —	30	»
	»	— de 30 canards, à 1 fr. 75 —	52	50
	»	— de 500 œufs, à 6 fr. 50 %.	32	50
		Total des recettes au 30 septembre.....	14.849	35

VÉRIFICATION

Recettes...........................14.849 fr. 35
Dépenses........................ 9.409   10

Reste en Caisse........ 5.440 fr. 25

DATES		NATURE DES RECETTES	MONTANT	
Décembre	31	**Vacherie** Vente de 2 veaux, à 95 fr. l'un......	190	»
		— de 1 veau.................	90	»
		— de 4 kilog. de beurre, à 2 f. le k°	8	»
		— de 590 kil. de from., à 1 f. 20 —	708	»
	»	**Porcherie :** — de 6 gorets, à 60 fr. l'un.....	360	»
		Basse-cour — de 20 pigeons, à 1 fr. —.....	20	»
	»	— de 20 canards, à 1 fr. 75 l'un..	35	»
		— de 150 œufs, à 6 fr. 50 %....	9	75
		Total des recettes au 31 décembre...	16.270	10

VÉRIFICATION

Recettes..................... 16.270 fr. 10
Dépenses..................... 11.135   26

Reste en Caisse... 5.134 fr. 84

CAISSE   **Dépenses**

DATES		NATURE DES DÉPENSES	MONTANT	
		Report......	4.926	30
1883-Mai	5	**Main-d'œuvre** (journaliers): Paye de la quinzaine	42	»
	19	id. id.........	54	»
Juin	2	id. id.........	183	»
	16	id. id.........	309	»
	30	id. id.........	285	50
Juillet	13	id. id.........	306	»
	28	id. id.........	155	»
Août	11	id. id.........	729	»
	25	id. id.........	165	»
Septembre	22	id. id.........	150	»
	30	**Porcherie** : Achat de 740 kilogr. de farine, à 20 f. %	148	»
	»	— — de 120 — de son, à 12 fr. %	146	40
	»	**Main-d'œuvre** (gagistes) : Solde de 5 mois de gages (du 1er mai au 30 septembre)...........	1.100	»
	»	**Matériel d'exploitation** : Achat d'outils...	190	»
	»	— id. — Réparations d'outils et d'instruments......	225	»
	»	**Ménage**: Solde des achats de denrées de ménage, savoir :		
		id. 28 kilogr. de viande, à 1 fr. 80 le k⁰..	50	40
		id. 40 — d'huile à manger, à 1 fr. 50 le k⁰........	60	»
		id. Epiceries diverses........	15	»
	»	id. 5 mois de gages de la ménagère (du 1er mai au 30 septembre)........	125	»
	»	**Fabrication du pain**: Mouture de 15 hectolitres de blé, à 1 fr. 50 l'un........	22	50
	»	**Fabrication du pain** : Payement d'un ouvrier pour 22 fournées de pain, à 1 fr. l'une........	22	»
		Total des dépenses au 30 septembre....	9.409	10
Octobre	6	**Main-d'œuvre** (journaliers): Paye de la quinzaine	189	»
	20	id. id........	208	50
Novembre	3	id. id.......	45	»
	17	id. id.......	30	»
Décembre	31	**Porcherie**: Achat de 345 kil. de farine, à 20 fr. %	69	»
	»	id. — de 618 — de son, à 12 f. %....	74	16
	»	**Ménage** : — de 10 — de viande, à 1 f. 80 le k⁰	18	»
	»	id. 3 mois de gages de la ménagère.......	75	»
	»	**Main-d'œuvre** (gagistes): Solde de 3 mois de gag⁰ˢ	662	»
	»	**Fabrication du pain** : Mouture de 3 hectolitres de blé, à 1 fr. 50 l'un........	4	50
	»	**Fabrication du pain**: Payement d'un ouvrier pour 13 fournées de pain, à 1 fr. l'une........	13	»
	»	**Frais généraux** : Solde de mémoires pour entretien de batiments, pour médicaments, etc...	338	»
		Total des dépenses au 31 décembre...	11.135	26
		Reste en Caisse........	5.134	84
		Total général pareil à celui des recettes....	16.270	10

LIVRE DES MAGASINS

La constatation de l'entrée et de la sortie des denrées déposées dans les magasins d'une exploitation rurale offre le même intérêt que la détermination du mouvement des valeurs en espèces. Il est, en effet, aussi important de savoir que les magasins renferment, je suppose, une valeur de 10,000 francs, représentée par du blé, que de constater l'existence d'une pareille somme dans la caisse, puisque, dans les deux cas, le résultat est le même pour la constitution du capital nécessaire à l'exploitation d'une propriété foncière.

Quoique les valeurs représentées par les matières ou denrées qui se trouvent dans les magasins d'une ferme ne soient pas aussi périlleuses que celles qui sont formées par de la monnaie, il est néanmoins très-utile de se rendre compte de leur importance et de l'emploi qui en est fait.

Pour fournir ces indications, le *Livre des magasins* doit être établi d'après les mêmes principes que le *Livre de caisse* : on inscrit dans une colonne la quantité de matières ou denrées que le magasin reçoit, et on constate, dans une autre colonne, la sortie de ces mêmes matières, à mesure qu'elles sont utilisées dans la ferme ou qu'elles sont exportées.

Le *Livre des magasins* doit, pour être complet, indiquer les motifs des entrées et des sorties qu'il sert à enregistrer, afin de bien renseigner le chef de l'exploitation sur toutes les opérations qui se font dans les magasins de la ferme et de lui permettre de les apprécier.

Les matières et denrées de l'industrie agricole sont en trop grand nombre pour qu'il soit possible de bien les surveiller sans tenir aucune note relative à leur conservation et à leur utilisation. L'agriculteur qui n'a pas de livre où sont enregistrées les quantités de matières ou denrées qu'il a emmagasinées ne peut pas se rendre un compte exact de leur importance, pas plus qu'il ne peut vérifier facilement si aucune dilapidation n'a été commise, ou si aucun gaspillage n'a été fait. Sous tous les rapports, un *Livre des magasins* est d'une utilité incontestable, et aucun agriculteur soucieux de ses intérêts ne devrait renoncer aux avantages que la tenue de ce journal spécial peut lui procurer.

Pour retirer d'un *Livre des magasins* tous les renseignemens que l'on peut désirer, il faut que toutes les quantités de matières ou de denrées qui y figurent aient été déterminées avec une précision aussi grande que possible. A cet effet, des instruments de mesurage et de pesage sont indispensables, parce qu'il n'existe pas d'autre procédé pratique d'appréciation assez exact pour les remplacer.

Le *Livre des magasins* n'étant destiné qu'à fournir des renseignements sur l'entrée et sur la sortie des denrées et matières qui y sont inscrites, il n'est pas nécessaire qu'il enregistre le montant de leur valeur. Tout ce qu'on peut faire d'utile à ce sujet, c'est de noter le prix de l'unité de ces marchandises au moment où elles sont emmagasinées. Celles qui étaient à l'inventaire d'entrée ont leur prix indiqué dans cet inventaire, et on n'a pas besoin de le répéter sur le *Livre des magasins ;* ce n'est que pour les denrées qui entrent dans le courant l'année qu'il convient de mettre cette indication, parce qu'elle facilite beaucoup le cacul des dépenses représentées par leur consommation. Le prix des denrées vendues doit aussi être indiqué à titre de renseignement utile.

L'indication du prix de l'unité pour chaque denrée emmagasinée a un autre avantage qu'il est nécessaire de signaler : elle permet à l'exploitant de se rendre facilement compte s'il a bien ou mal opéré en conservant les produits de ses terres, au lieu de les vendre aussitôt après les avoir récoltés.

L'action de la culture ne s'exerçant plus sur une récolte après qu'elle est déposée dans les magasins, il ne serait pas exact, en effet, de tenir compte à son profit, ou à son désavantage, de la variation qui peut subvenir dans le prix qu'on aurait pu réaliser. Si, par exemple, le blé vaut 20 francs l'hectolitre au moment de la récolte, c'est à ce prix qu'il faut le compter, parce que, l'action de la culture étant finie au moment de l'emmagasinage, on ne peut d'aucune manière lui imputer équitablement les variations que ce prix peut subir. En conservant le blé dans ses greniers, au lieu de le vendre à l'époque de la récolte, l'agriculteur fait une opération commerciale qui peut lui être avantageuse ou préjudiciable, mais sa culture du blé reste étrangère à cette opération.

La tenue d'un *Livre des magasins* est d'une telle facilité, quils suffit de voir le modèle que nous donnons ci-après pour comprendre sans difficulté l'exécution de ce travail :

DATES		MOTIFS DES ENTRÉES ET DES SORTIES	Prix de l'unité à l'emmagas.e et à la vente			BLÉ		AVOINE		PAILLE		FOIN		TRÈFLE	
						E litre	S litre	E litre	S litre	E kilo	S kilo	E kilo	S kilo	E kilo	S kilo
1883 jan.	1er	Inventaire d'entrée .	Prix de l'in.re			10000	»	8000	»	20100	»	25000	»	10000	»
	5	Achats { charbon....	4	»	°/₀	»	»	»	»	»	»	»	»	»	»
		Achats { fag. de chêne	15	»	°/₀	»	»	»	»	»	»	»	»	»	»
	24	Pour semence.....	»	»	»	»	»	»	1600	»	»	»	»	»	»
	»	— id.	»	»	»	»	»	»	»	»	»	»	»	»	»
	31	— Vente	22	»	°/₀	»	6500	»	»	»	»	»	»	»	»
	»	— id.	10	»	°/₀	»	»	»	2500	»	»	»	»	»	»
avril	30	— id.	7	»	°/₀	»	»	»	»	»	»	»	»	»	»
	»	— Fabric. de pain	»	»	»	»	1000	»	»	»	»	»	»	»	»
	»	Prod. de la vacherie	12	71	°°/₀₀	»	»	»	»	»	»	»	»	»	»
	»	— Bergerie	10	19	°°/₀₀	»	»	»	»	»	»	»	»	»	»
	»	— Porcherie	10	90	°°/₀₀	»	»	»	»	»	»	»	»	»	»
	»	— Attelages bœufs	10	90	°°/₀₀	»	»	»	»	»	»	»	»	»	»
	»	— Attel. chevaux.	10	90	°°/₀₀	»	»	»	»	»	»	»	»	»	»
	»	— Cult. de la vigne	6	»	°/₀	»	»	»	»	»	»	»	»	»	»
	»	Pour la vacherie..	»	»	»	»	»	»	»	»	8650	»	11500	»	3450
	»	— Bergerie	»	»	»	»	»	»	»	»	800	»	3775	»	»
	»	— Porcherie	»	»	»	»	»	»	»	»	2050	»	»	»	»
	»	— Attelages bœufs	»	»	»	»	»	»	»	»	2750	»	2100	»	3150
	»	— Attel. chevaux	»	»	»	»	»	»	2000	»	2850	»	1700	»	1100
	»	— Basse-cour ...	»	»	»	»	»	»	150	»	»	»	»	»	»
	»	— Fumures.....	»	»	»	»	»	»	»	»	»	»	»	»	»
	»	— Ménage......	»	»	»	»	»	»	»	»	»	»	»	»	»
		TOTAUX....				10000	7500	8000	6250	20100	17100	25000	19075	10000	7700
		En déduis. les sorties				7500	»	6250	»	17100	»	19075	»	7700	»
		Il reste en magasin, à reporter..				2500	»	1750	»	3000	»	5925	»	3300	»

MAGASINS

POMMES DE TERRE		BETTERAVES		CAROTTES		VIN		SARMENTS (fagots de)		FUMIER		CHARBON		FAGOTS de chêne					
E	S	E	S	E	S	E	S	E	S	E	S	E	S	E	S	E	S	E	S
kilo	kilo	kilo	kilo	kilo	kilo	litre	litre	nombre	nombre	kilo	kilo	kilo	kilo	nombre	nombre				
5000	»	60000	»	11640	»	10000	»	500	»	150000	»	»	»	»	»	»	»	»	»
»	»	»	»	»	»	»	»	»	»	»	»	4000	»	»	»	»	»	»	»
»	»	»	»	»	»	»	»	»	»	»	»	»	»	250	»	»	»	»	»
»	»	»	»	»	»	»	»	»	»	»	»	»	»	»	»	»	»	»	»
»	300	»	»	»	»	»	»	»	»	»	»	»	»	»	»	»	»	»	»
»	»	»	»	»	»	»	»	»	»	»	»	»	»	»	»	»	»	»	»
»	»	»	»	»	»	»	»	»	»	»	»	»	»	»	»	»	»	»	»
»	4575	»	»	»	»	»	»	»	»	»	»	»	»	»	»	»	»	»	»
»	»	»	»	»	»	»	»	»	172	»	»	»	»	»	68	»	»	»	»
»	»	»	»	»	»	»	»	»	»	63575	»	»	»	»	»	»	»	»	»
»	»	»	»	»	»	»	»	»	»	10500	»	»	»	»	»	»	»	»	»
»	»	»	»	»	»	»	»	»	»	9875	»	»	»	»	»	»	»	»	»
»	»	»	»	»	»	»	»	»	»	18500	»	»	»	»	»	»	»	»	»
»	»	»	»	»	»	»	»	»	»	12425	»	»	»	»	»	»	»	»	»
»	»	»	»	»	»	»	»	1500	»	»	»	»	»	»	»	»	»	»	»
»	»	»	50900	»	»	»	»	»	»	»	»	»	»	»	»	»	»	»	»
»	»	»	»	»	7240	»	»	»	»	»	»	»	»	»	»	»	»	»	»
»	»	»	»	»	1500	»	»	»	»	»	»	»	»	»	»	»	»	»	»
»	»	»	9100	»	»	»	»	»	»	»	»	»	»	»	»	»	»	»	»
»	»	»	»	»	2900	»	»	»	»	»	»	»	»	»	»	»	»	»	»
»	»	»	»	»	»	»	»	»	»	»	264875	»	»	»	»	»	»	»	»
»	125	»	»	»	»	»	200	»	200	»	»	»	1800	»	»	»	»	»	»
5000	5000	60000	60000	11640	11640	10000	200	2000	372	264875	264875	4000	1800	250	68	»	»	»	»
5000	»	60000	»	11640	»	200	»	372	»	264875	»	1800	»	68	»	»	»	»	»
»	»	»	»	»	»	9800	»	1628	»	»	»	2200	»	182	»	»	»	»	»

DATES	MOTIFS DES ENTRÉES ET DES SORTIES	Prix de l'unité à l'emmagase et à la vente			BLÉ		AVOINE		PAILLE		FOIN		TRÈFLE	
					E	S	E	S	E	S	E	S	E	S
					litre	litre	litre	litre	kilo	kilo	kilo	kilo	kilo	kilo
	Report...				2500	»	1750	»	3000	»	5925	»	2300	»
1883 juil. 1er	*Récolte* (trèfle) . .	6	»	°/₀	»	»	»	»	»	»	»	»	30000	»
15	— (foin).....	6	»	°/₀	»	»	»	»	»	»	40000	»	»	»
Août 15	— (blé) {*grain*	20	»	°/₀	20000	»	»	»	»	»	»	»	»	»
	{*paille*	2	50	°/₀	»	»	»	»	30000	»	»	»	»	»
»	—(avoine) {*grain*	10	»	°/₀	»	»	21000	»	»	»	»	»	»	»
	{*paille*	2	50	°/₀	»	»	»	»	12400	»	»	»	»	»
Septem. 30	*Pour fabr. de pain*	»	»	»	»	1500	»	»	»	»	»	»	»	»
»	— *Vente.*	25	»	°/₀	»	»	»	»	»	»	»	»	»	»
»	— *Vacherie*.....	»	»	»	»	»	»	»	»	9550	»	14960	»	3800
»	— *Porcherie*....	»	»	»	»	»	»	»	»	2300	»	»	»	»
»	— *Attelages bœufs*	»	»	»	»	»	»	»	»	2150	»	5100	»	500
»	— *Attel. chevaux.*	»	»	»	»	»	»	4000	»	1550	»	3275	»	800
»	— *Basse-cour....*	»	»	»	»	»	»	200	»	»	»	»	»	»
»	*Réc. de pom. de terre*	»	»	»	»	»	»	»	»	»	»	»	»	»
	— *Pour Ménage..*	»	»	»	»	»	»	»	»	»	»	»	»	»
»	*Prod. de la vacherie*	10	17	°°/₀₀	»	»	»	»	»	»	»	»	»	»
»	— *Porcherie*	8	82	°°/₀₀	»	»	»	»	»	»	»	»	»	»
»	— *Attelages bœufs*	8	82	°°/₀₀	»	»	»	»	»	»	»	»	»	»
»	— *Attel. chevaux.*	8	82	°°/₀₀	»	»	»	»	»	»	»	»	»	»
	Totaux...				22500	1500	22750	4200	45400	15550	45925	23335	32300	5100
	En déduis. les *sorties*				1500	»	4200	»	15550	»	23335	»	5100	»
	il reste en *magasin*				21000	»	18550	»	29850	»	22590	»	27200	»
Octobre 31	*Récol.*(pom. de ter.)	6	»	°/₀	»	»	»	»	»	»	»	»	»	»
Novemb. 1er	*id.* (vigne)	20	»	°/₀	»	»	»	»	»	»	»	»	»	»
Décemb. 31	*id.* (betteraves)	11	80	°°/₀₀	»	»	»	»	»	»	»	»	»	»
	A reporter...				21000	»	18550	»	29850	»	22590	»	27200	»

MAGASINS

— 81 —

POMMES DE TERRE		BETTERAVES		CAROTTES		VIN		SARMENTS (fagots de)		FUMIER		CHARBON		FAGOTS de chêne					
E	S	E	S	E	S	E	S	E	S	E	S	E	S	E	S	E	S	E	S
kilo	kilo	kilo	kilo	kilo	kilo	litre	litre	nombre	nombre	kilo	kilo	kilo	kilo	nombre	nombre				
»	»	»	»	»	»	9800	»	1628	»	»	»	2200	»	182	»	»	»	»	»
»	»	»	»	»	»	»	»	»	»	»	»	»	»	»	»	»	»	»	»
»	»	»	»	»	»	»	»	»	»	»	»	»	»	»	»	»	»	»	»
»	»	»	»	»	»	»	»	»	»	»	»	»	»	»	»	»	»	»	»
»	»	»	»	»	»	»	»	»	»	»	»	»	»	»	»	»	»	»	»
»	»	»	»	»	»	»	»	»	»	»	»	»	»	»	»	»	»	»	»
»	»	»	»	»	»	»	»	»	»	»	»	»	»	»	»	»	»	»	»
»	»	»	»	»	»	»	»	»	158	»	»	»	»	»	52	»	»	»	»
»	»	»	»	»	»	»	8000	»	»	»	»	»	»	»	»	»	»	»	»
»	»	»	»	»	»	»	»	»	»	»	»	»	»	»	»	»	»	»	»
»	»	»	»	»	»	»	»	»	»	»	»	»	»	»	»	»	»	»	»
»	»	»	»	»	»	»	»	»	»	»	»	»	»	»	»	»	»	»	»
»	»	»	»	»	»	»	»	»	»	»	»	»	»	»	»	»	»	»	»
»	»	»	»	»	»	»	»	»	»	»	»	»	»	»	»	»	»	»	»
250	»	»	»	»	»	»	»	»	»	»	»	»	»	»	»	»	»	»	»
»	250	»	»	»	»	»	420	»	150	»	»	»	1000	»	»	»	»	»	»
»	»	»	»	»	»	»	»	»	»	81500	»	»	»	»	»	»	»	»	»
»	»	»	»	»	»	»	»	»	»	12525	»	»	»	»	»	»	»	»	»
»	»	»	»	»	»	»	»	»	»	18620	»	»	»	»	»	»	»	»	»
»	»	»	»	»	»	»	»	»	»	12625	»	»	»	»	»	»	»	»	»
250	250	»	»	»	»	9800	8420	1628	308	125270	»	2200	1000	182	52	»	»	»	»
250	»	»	»	»	»	8420	»	308	»	»	»	1000	»	52	»	»	»	»	»
»	»	»	»	»	»	1380	»	1320	»	»	»	1200	»	130	»	»	»	»	»
29750	»	»	»	»	»	»	»	»	»	»	»	»	»	»	»	»	»	»	»
»	»	»	»	»	»	17500	»	»	»	»	»	»	»	»	»	»	»	»	»
»	»	110375	»	»	»	»	»	»	»	»	»	»	»	»	»	»	»	»	»
29750	»	110375	»	»	»	18880	»	1320	»	»	»	1200	»	130	»	»	»	»	»

DATES		MOTIFS DES ENTRÉES ET DES SORTIES	Prix de l'unité à l'emmagasᵍᵉ et à la vente			BLÉ E (litre)	BLÉ S (litre)	AVOINE E (litre)	AVOINE S (litre)	PAILLE E (kilo)	PAILLE S (kilo)	FOIN E (kilo)	FOIN S (kilo)	TRÈFLE E (kilo)	TRÈFLE S (kilo)
		Report ..				21000	»	18550	»	29850	»	22590	»	27200	»
1883-Déc.	31	Récolte (carottes)..	16	»	oo/oo	»	»	»	»	»	»	»	»	»	»
	»	Pour fabr. de pain.	»	»	»	»	300	»	»	»	»	»	»	»	»
	»	— Embl. blé 1884	»	»	»	»	2200	»	»	»	»	»	»	»	»
	»	— Emblav. avoine 1884.........	»	»	»	»	»	»	400	»	»	»	»	»	»
	»	Pour vacherie.....	»	»	»	»	»	»	»	»	8800	»	3500	»	4275
	»	Récolte (navets) ...	9	82	oo/oo	»	»	»	»	»	»	»	»	»	»
	»	Pour Porcherie....	»	»	»	»	»	»	»	»	1550	»	»	»	»
	»	— Attel. bœufs..	»	»	»	»	»	»	»	»	1950	»	2300	»	»
	»	— Attel. chevaux	»	»	»	»	»	»	2000	»	1250	»	1950	»	»
	»	— Basse-cour...	»	»	»	»	»	»	150	»	»	»	»	»	»
	»	— Ménage......	»	»	»	»	»	»	»	»	»	»	»	»	»
	»	Prod. de la vacherie	6	17	oo/oo	»	»	»	»	»	»	»	»	»	»
	»	— Porcherie....	5	27	oo/oo	»	»	»	»	»	»	»	»	»	»
	»	— Attelages bœufs	5	27	oo/oo	»	»	»	»	»	»	»	»	»	»
	»	— Attel. chevaux.	5	27	oo/oo	»	»	»	»	»	»	»	»	»	»
	»	Pour fumure de la cult. du blé 1884.	»	»	»	»	»	»	»	»	»	»	»	»	»
		Totaux.....				21000	2500	18550	2550	29850	13550	22590	7750	27200	4275
		En déduis. les sorties				2500	»	2550	»	13550	»	7750	»	4275	»
		Il reste en magasin au 31 décembre.				18500	»	16000	»	16300	»	14840	»	22925	»

MAGASINS

POMMES DE TERRE		BETTERAVES		CAROTTES		VIN		SARMENTS (fagots de)		FUMIER		CHARBON		FAGOTS de chêne		NAVETS			
E	S	E	S	E	S	E	S	E	S	E	S	E	S	E	S	E	S	E	S
kilo	kilo	kilo	kilo	kilo	kilo	litre	litre	nombre	nombre	kilo	kilo	kilo	kilo	nombre	nombre	kilo	kilo		
29750	»	110375	»	»	»	18880	»	1320	»	125270	»	1200	»	130	»	»	»	»	»
»	»	»	»	40080	»	»	»	»	»	»	»	»	»	»	»	»	»	»	»
»	»	»	»	»	»	»	»	»	130	»	»	»	»	»	50	»	»	»	»
»	»	»	»	»	»	»	»	»	»	»	»	»	»	»	»	»	»	»	»
»	»	»	»	»	»	»	»	»	»	»	»	»	»	»	»	»	»	»	»
»	»	»	40000	»	»	»	»	»	»	»	»	»	»	»	»	»	20000	»	»
»	»	»	»	»	»	»	»	»	»	»	»	»	»	»	»	60000	»	»	»
»	»	»	»	»	1775	»	»	»	»	»	»	»	»	»	»	»	»	»	»
»	»	»	5000	»	»	»	»	»	»	»	»	»	»	»	»	»	»	»	»
»	»	»	»	»	2400	»	»	»	»	»	»	»	»	»	»	»	»	»	»
»	»	»	»	»	»	»	»	»	»	»	»	»	»	»	»	»	»	»	»
»	100	»	»	»	»	»	100	»	150	»	»	»	1200	»	»	»	»	»	»
»	»	»	»	»	»	»	»	»	»	46325	»	»	»	»	»	»	»	»	»
»	»	»	»	»	»	»	»	»	»	7900	»	»	»	»	»	»	»	»	»
»	»	»	»	»	»	»	»	»	»	14350	»	»	»	»	»	»	»	»	»
»	»	»	»	»	»	»	»	»	»	8575	»	»	»	»	»	»	»	»	»
»	»	»	»	»	»	»	»	»	»	»	30000	»	»	»	»	»	»	»	»
29750	100	110375	45000	40080	4175	18880	100	1320	280	202420	30000	1200	1200	130	50	60000	20000	»	»
100	»	45000	»	4175	»	100	»	280	»	30000	»	1200	»	50	»	20000	»	»	»
29650	»	65375	»	35905	»	18780	»	1040	»	172420	»	»	»	80	»	40000	»	»	»

LIVRE DES TRAVAUX

L'inscription journalière des travaux exécutés dans une ferme est une opération d'une importance capitale pour la tenue d'une comptabilité agricole. Lorsque ce travail d'écriture se fait régulièrement tous les jours, il ne constitue qu'une occupation presque insignifiante, et il s'effectue dans les conditions les plus favorables pour l'exactitude des données qu'il a pour but de recueillir.

Lorsque l'exploitant dirige et surveille lui-même ses ouvriers, il est rationnel qu'il inscrive lui-même les opérations qu'il a fait exécuter, parce que personne ne connaît aussi bien que lui la quantité de travail effectué et à quelles spéculations ce travail s'applique.

Si, au contraire, c'est un régisseur ou un maître-ouvrier qui est régulièrement chargé de cette direction ou de cette surveillance, il est utile que ce soit cet agent qui enregistre les travaux journaliers, et cela par les mêmes raisons que celles qui nous ont fait dire que ce travail était du ressort de l'exploitant, lorsqu'il s'occupe directement de l'exécution des travaux de son exploitation.

L'inscription des travaux d'une exploitation rurale offre quelques particularités suivant qu'ils sont exécutés par des ouvriers à la journée, par des gagistes, et par des attelages de bœufs ou de chevaux.

Le travail des ouvriers à la journée s'inscrit en indiquant le nombre de journées faites et le montant de ces journées. Ainsi, par exemple, lorsque 10 ouvriers, payés à raison de 3 francs par jour, auront travaillé pour la culture des plantes sarclées, on inscrira 10 journées pour 30 francs, montant de ce qu'elles ont coûté.

Tous les jours, la dépense en argent occasionnée par les journaliers est inscrite de la même manière dans le *Livre des travaux*, à la page ayant pour titre le nom de la culture pour laquelle ces ouvriers ont travaillé.

Pour le travail des employés, ainsi que pour celui des attelages, le livre des travaux ne peut pas fournir, jour par jour, des indications aussi complètes que pour les journaliers. En effet, les employés étant généralement nourris, il faudrait, pour connaître le prix de leur journée, être fixé à la fois sur le montant journalier de leur salaire et sur la dépense que leur entretien a occasionnées.

Le salaire journalier d'un gagiste dépend de la somme qui lui est allouée pour un temps déterminé et du nombre de *journées de travail* qu'il fait pendant ce même temps. Si un employé reçoit, je suppose, 45 francs *par mois*, le prix de sa journée de travail ne sera pas égale à 45 divisé par 30, mais à 45 divisé par le nombre de jours qu'il aura travaillé ; s'il n'a travaillé que 24 jours dans le mois, le prix de sa journée sera égal à 45 francs divisés par 24. Il en sera de même pour la dépense journalière que son entretien aura occasionnée ; ce ne sera pas par le nombre de jours du mois ou de l'année qu'il faudra le calculer, mais par le nombre de journées qu'il aura fournies. Ce n'est qu'en opérant ainsi que la dépense relative à l'entretien des gagistes peut être répartie avec exactitude sur les différentes spéculations qui en ont profité.

Les mêmes considérations s'appliquent au travail des attelages, travail qui ne peut être exactement évalué que lorsque les frais de leur entretien sont exactement connus pour une période de temps déterminé.

Lorsqu'on veut arrêter le compte d'une culture dont la récolte est faite, et pour laquelle il est utile de connaître le résultat obtenu, il faut, à ce moment, régler les comptes de ménage, de main-d'œuvre et d'attelages, afin d'obtenir les chiffres qui permettront de fixer la part de dépenses en travaux que cette culture doit solder. Mais, lorsque rien n'oblige à opérer ainsi, il est préférable de ne faire ce travail qu'à l'époque de la clôture générale des comptes, parce qu'à ce moment il est beaucoup plus facile de l'effectuer avec toute l'exactitude qu'il doit avoir.

Un livre des travaux, tenu conformément au modèle qui fait suite à ces instructions, constitue un véritable journal, à l'aide duquel un exploitant peut se rendre facilement compte de tous les travaux de culture qu'il fait exécuter.

Dans le but de simplifier le travail journalier de la tenue du livre des travaux, lequel contient autant de titres qu'il y a de cultures différentes pratiquées dans une exploitation, quelques personnes conseillent d'inscrire sur un autre livre, et à la suite les uns des autres, tous les travaux exécutés. Plus tard, on fait le dépouillement de ce journal général, c'est-à-dire qu'on reporte sur le livre destiné à les classer toutes les indications qui s'y trouvent accumulées. Quelques praticiens suivent ce système, mais nous ne croyons pas devoir le recommander.

LIVRE DES TRAVAUX
CULTURE DU BLÉ

DATES		NATURE DES TRAVAUX	TRAVAUX				
			JOURNÉES			JOURNALIERS	
			Employés	Chevaux	Bœufs	Journées	Argent
1883-Mars	5	Sarclage et échardonnage........	1 »	» »	» »	3 »	4 50
	6	........idem....................	1 »	» »	» »	3 »	4 50
	7	........idem..............	1 »	» »	» »	3 »	4 50
	8	........idem....................	1 »	» »	» »	3 »	4 50
	9	........idem....................	1 »	» »	» »	3 »	4 50
	10	........idem....................	1 »	» »	» »	3 »	4 50
Avril	30	Totaux.......	6 »	» »	» »	18 »	27 »
Juillet	9	Moisson à la faux et mise en gerbes.	4 »	» »	» »	15 »	60 »
	10	.............idem..............	4 »	» »	» »	15 »	60 »
	11	.............idem..............	4 »	» »	» »	15 »	60 »
	12	.............idem..............	4 »	» »	» »	15 »	60 »
	13	.............idem..............	4 »	» »	» »	15 »	60 »
	16	Transport de gerbes et mise en meules......................	3 »	3 »	4 »	7 »	35 »
	17	.............idem..........	3 »	3 »	4 »	7 »	35 »
	18	.............idem..............	3 »	3 »	4 »	7 »	35 »
	19	.............idem..............	4 »	» »	4 »	3 »	15 »
	20	.............idem..............	4 »	3 »	4 »	7 »	35 »
Août	1er	Battage à bras et emmagasinage..	2 »	» »	» »	16 »	72 »
	2	.............idem..............	2 »	» »	» »	16 »	72 »
	3	.............idem..............	2 »	» »	» »	16 »	72 »
	4	.............idem..............	2 »	» »	» »	16 »	72 »
	6	.............idem..............	2 »	» »	» »	16 »	72 »
	7	.............idem..............	2 »	» »	» »	16 »	72 »
	8	.............idem..............	2 »	» »	» »	16 »	72 »
	9	.............idem..............	2 »	» »	» »	16 »	72 »
	10	.............idem..............	2 »	» »	» »	16 »	72 »
	11	.............idem..............	2 »	» »	» »	16 »	72 »
Septembre	30	Totaux.......	57 »	12 »	20 »	266 »	1175 »

RÉCAPITULATION

	Employés	Chevaux	Bœufs	Journées	Argent
Totaux au 30 avril..........	6 »	» »	» »	18 »	27 »
— au 30 septembre.....	57 »	12 »	20 »	266 »	1175 »
Totaux généraux......	63 »	12 »	20 »	284 »	1202 »

CULTURE DE L'AVOINE

DATES		NATURE DES TRAVAUX	TRAVAUX						
			JOURNÉES				JOURNALIERS		
			Employés		Chevaux		Bœufs	Journées	Argent
1883-Février	3	Labour de préparation du sol.....	3	»	2	»	4	»	»	»	»	»
	6	..........idem....................	3	»	2	»	4	»	»	»	»	»
	7	..........idem...................	3	»	2	»	4	»	»	»	»	»
	8	..........idem.	3	»	2	»	4	»	»	»	»	»
	9	..........idem.-................	3	»	2	»	4	»	»	»	»	»
	10	..........idem.................	3	»	2	»	4	»	»	»	»	»
Mars	8	Labour de semaille.......	3	»	2	»	4	»	»	»	»	»
	9	....idem......................	3	»	2	»	4	»	»	»	»	»
	10	....idem et hersage.............	3	»	3	»	4	»	1	»	3	»
	12	....idem et semaille...........	4	»	3	»	4	»	1	»	3	»
	13	....idem idem.....	4	»	3	»	4	»	1	»	3	»
	14	Hersage et semaille............	2	»	1	»	»	»	»	»	»	»
Avril	30	Totaux..........	37	»	26	»	44	»	3	»	9	»
Juillet	16	Moisson à la faux..............	1	»	»	»	»	»	5	»	20	»
	17	....idem......................	1	»	»	»	»	»	5	»	20	»
	18	Mise en gerbes................	3	»	»	»	»	»	4	»	16	»
	21	....idem et transport...........	4	»	3	»	4	»	8	»	32	»
	23	....idem idem.............	4	»	3	»	»	»	3	»	12	»
Août	13	Battage et emmagasinage........	4	»	»	»	»	»	16	»	72	»
	14	........idem...................	4	»	»	»	»	»	14	»	63	»
	16	........idem...................	3	»	»	»	»	»	2	»	6	»
	17	........idem...................	3	»	»	»	»	»	2	»	6	»
	18	........idem...................	4	»	»	»	»	»	2	»	6	»
	20	........idem....................	4	»	»	»	»	»	2	»	6	»
Septembre	30	Totaux..........	35	»	6	»	4	»	63	»	259	»

RÉCAPITULATION

		TRAVAUX						
Totaux au 30 avril.......	37	»	26	»	44	»	3	»	9	»
— au 30 septembre .	35	»	6	»	4	»	63	»	259	»
Totaux généraux.....	72	»	32	»	48	»	66	»	268	»

CULTURE DE LA BETTERAVE

DATES		NATURE DES TRAVAUX	Employés		Chevaux		Bœufs		Journées		Argent	
1883-Février	16	Labour de préparation du sol.....	4	»	3	»	4	»	4	»	12	»
	17	..........idem	4	»	3	»	4	»	4	»	12	»
	19	..........idem	4	»	3	»	4	»	4	»	12	»
	20	..........idem	4	»	3	»	4	»	4	»	12	»
	21	..........idem	4	»	3	»	4	»	4	»	12	»
	22	Transport de fumier et labour 15550 k°	4	»	3	»	4	»	2	»	6	»
	23	..........idem........ 1420 k°.	4	»	3	»	4	»	2	»	6	»
		A reporter......	28	»	21	»	28	»	24	»	72	»

CULTURE DE LA BETTERAVE

DATES		NATURE DES TRAVAUX	TRAVAUX									
			JOURNÉES						JOURNALIERS			
			Employés		Chevaux		Bœufs		Journées		Argent	
		Report.....	28	»	21	»	28	»	24	»	72	»
1883-Février	24	Transport de fumier et labour 14875 k°	4	»	3	»	4	»	2	»	6	»
Mars	2	Labour..........................	3	»	2	»	4	»	»	»	»	»
	3	idem......................	3	»	2	»	4	»	»	»	»	»
Avril	9	idem et transport fumier 15800 k°.	3	»	2	»	4	»	»	»	»	»
	10	idem .... .idem .. 15250 —	3	»	2	»	4	»	»	»	»	»
	21	idem...........idem .. 15500 —	3	»	2	»	4	»	»	»	»	»
	24	idem......... .idem .. 15700 —	3	»	2	»	4	»	»	»	»	»
	26	idem. ......et semaille........	4	»	»	»	»	»	2	»	6	»
	30	idem..........idem............	4	»	»	»	»	»	2	»	6	»
		Totaux	58	»	36	»	56	»	30	»	90	»
Mai	28	Binage et éclaircie..............	4	»	»	»	»	»	15	»	37	50
	29	....idem......................	4	»	»	»	»	»	15	»	37	50
	30	....idem......................	4	»	»	»	»	»	15	»	37	50
Juin	1er	... idem...................	4	»	»	»	»	»	15	»	37	50
Juillet	2	Binage à la houe à cheval.......	1	»	1	»	»	»	»	»	»	»
	3	........idem................	1	»	1	»	»	»	»	»	»	»
	4	........idem................	1	»	1	»	»	»	»	»	»	»
	5	.. ..idem................	1	»	1	»	»	»	»	»	»	»
Août	6	........idem................	1	»	1	»	»	»	»	»	»	»
	7	........idem................	1	»	1	»	»	»	»	»	»	»
	8	........idem................	1	»	1	»	»	»	»	»	»	»
Septembre	3	........idem...	1	»	1	»	»	»	»	»	»	»
	4	.... .idem.	1	»	1	»	»	»	»	»	»	»
	5	........idem................	1	»	1	»	»	»	»	»	»	»
	30	Totaux.....	26	»	10	»	»	»	60	»	150	»
Octobre	12	Arrachage et nettoyage	1	»	»	»	»	»	10	»	22	50
	13	....idem et transport 20800 k° ..	4	»	3	»	4	»	10	»	22	50
	15	.. .idem ... idem 21000 —..	4	»	3	»	4	»	10	»	22	50
	16	...idem ... idem 20575 —..	4	»	3	»	4	»	10	»	22	50
	17	Transport et emmagasinage 16200 k°	4	»	3	»	4	»	10	»	22	50
	18	.........idem..........15850 —	4	»	2	»	4	»	10	»	22	50
	19	.........idem..........15950 —	4	»	2	»	4	»	10	»	22	50
Décembre	31	Totaux.....	25	»	16	»	24	»	70	»	157	50

RÉCAPITULATION

	Employés		Chevaux		Bœufs		Journées		Argent	
Totaux au 30 avril	58	»	36	»	56	»	30	»	90	»
— au 30 septembre..	26	»	10	»	»	»	60	»	150	»
— au 31 décembre .	25	»	16	»	24	»	70	»	157	50
Totaux généraux..	109	»	62	»	80	»	160	»	397	50

CULTURE DE LA CAROTTE

DATES		NATURE DES TRAVAUX	TRAVAUX									
			JOURNÉES						JOURNALIERS			
			Employés		Chevaux		Bœufs		Journées		Argent	
1883-Janvier	8	Transport de fumier 13800 k°......	4	»	3	»	4	»	»	»	»	»
	9	....idem...........14975 —.....	4	»	3	»	4	»	»	»	»	»
	10	....idem..........14425 —....	4	»	3	»	4	»	»	»	»	»
	11	Épandage et enfouissement de fumier	4	»	2	»	4	»	1	»	3	»
	12	...............idem...............	4	»	2	»	4	»	1	»	3	»
	13	...............idem..............	4	»	2	»	4	»	1	»	3	»
Février	26	Labour pour semaille	3	»	2	»	4	»	»	»	»	»
	27	........idem.................	3	»	2	»	4	»	»	»	»	»
	28	........idem et hersage.........	4	»	3	»	4	»	»	»	»	»
Mars	1ᵉʳ	Semaille....................	1	»	»	»	»	»	3	»	9	»
Avril	30	Binage à la main et éclaircie	4	»	»	»	»	»	4	»	6	»
		Totaux.....	39	»	22	»	36	»	10	»	24	»
Mai	1ᵉʳ	Binage à la main et éclaircie	4	»	»	»	»	»	4	»	6	»
	2	........idem.................	4	»	»	»	»	»	4	»	6	»
	4	........idem.................	4	»	»	»	»	»	4	»	6	»
	5	........idem.................	4	»	»	»	»	»	4	»	6	»
	30	Binage à la houe à cheval........	1	»	1	»	»	»	»	»	»	»
	31	........idem.................	1	»	1	»	»	»	»	»	»	»
Juillet	2	........idem.................	1	»	1	»	»	»	»	»	»	»
	3	........idem.................	1	»	1	»	»	»	»	»	»	»
Août	16	........idem.................	1	»	1	»	»	»	»	»	»	»
	17	........idem.................	1	»	1	»	»	»	»	»	»	»
Septembre	30											
		Totaux.....	22	»	6	»	»	»	16	»	24	»
Octobre	20											
	»	Arrachage et décolletage........	1	»	»	»	»	»	5	»	15	»
	»	.......idem.................	1	»	»	»	»	»	5	»	15	»
	»	...idem et emmagasinage 20080 k°	4	»	3	»	4	»	5	»	15	»
	»	...idem......idem 20000 —	4	»	3	»	4	»	5	»	15	»
Décembre	31	Totaux.....	10	»	6	»	8	»	20	»	60	»

RÉCAPITULATION

	Employés		Chevaux		Bœufs		Journées		Argent	
Totaux au 30 avril	39	»	22	»	36	»	10	»	24	»
— au 30 septembre..	22	»	6	»	»	»	16	»	24	»
— au 31 décembre...	10	»	6	»	8	»	20	»	60	»
Totaux généraux..	71	»	34	»	44	»	46	»	108	»

CULTURE DE LA POMME DE TERRE

DATES		NATURE DES TRAVAUX	TRAVAUX									
			JOURNÉES						JOURNALIERS			
			Employés		Chevaux		Bœufs		Journées		Argent	
1883-Janvier	2	Labour de préparation du sol.....	3	»	2	»	4	»	»	»	»	»
	3	........idem.................	3	»	2	»	4	»	»	»	»	»
	4	........idem...............	3	»	2	»	4	»	»	»	»	»
	5	........idem...............	3	»	2	»	4	»	»	»	»	»
	6	........idem...............	3	»	2	»	4	»	»	»	»	»
Février	Iᵉʳ	Transport de fumier 23500 kᵒ.....	4	»	2	»	4	»	3	»	9	»
	2	........idem 24000 —.. ..	4	»	2	»	4	»	3	»	9	»
	3	........idem 23000 —	4	»	2	»	4	»	3	»	9	»
	12	Épandage de fumier..	3	»	»	»	»	»	3	»	4	50
	13	.... ..idem et labour...........	4	»	2	»	4	»	3	»	4	50
	14	......idem id....	4	»	2	»	4	»	3	»	4	50
	15	......idem id.............	4	»	2	»	4	»	1	»	1	50
Mars	15	Plantation.....................	4	»	»	»	»	»	5	»	10	50
	16	..idem.....................	4	»	»	»	»	»	5	»	10	50
	17	..idem.....................	4	»	»	»	»	»	5	»	10	50
Avril	16	Hersage	1	»	1	»	»	»	»	»	»	»
	17	..idem	1	»	1	»	»	»	»	»	»	»
	18	..idem	1	»	1	»	»	»	»	»	»	»
	30	Totaux ..	57	»	25	»	44	»	34	»	73	50
Mai	7	Binage à la houe à cheval........	1	»	1	»	»	»	»	»	»	»
	8	.........idem	1	»	1	»	»	»	»	»	»	»
Juin	4	Buttage.......................	1	»	1	»	»	»	»	»	»	»
	5	..idem	1	»	1	»	»	»	»	»	»	»
Septembre	27	Arrachage et emmagasinage 5800 kᵒ	2	»	»	»	4	»	8	»	30	»
	28	.........idem.........5500 —	2	»	»	»	4	»	8	»	30	»
	29	.........idem.........5975 —	2	»	»	»	4	»	8	»	30	»
	30	Totaux.....	10	»	4	»	12	»	24	»	90	»
Octobre	8	Arrachage et emmagasinage 3900 kᵒ	2	»	»	»	4	»	2	»	6	»
	9	..........idem.........3825 —	2	»	»	»	4	»	2	»	6	»
	10	..........idem.........3700 —	2	»	»	»	4	»	2	»	6	»
	11	..........idem.........1300 —	2	»	»	»	4	»	2	»	6	»
Décembre	31	Totaux.....	8	»	»	»	16	»	8	»	24	»

RÉCAPITULATION

Totaux au 30 avril......	57	»	25	»	44	»	34	»	73	50
— au 30 septembre.	10	»	4	»	12	»	24	»	90	»
— au 31 décembre..	8	»	»	»	16	»	8	»	24	»
Totaux généraux.....	75	»	29	»	72	»	66	»	187	50

CULTURE DU TRÈFLE

DATES		NATURE DES TRAVAUX	TRAVAUX									
			JOURNÉES						JOURNALIERS			
			Employés		Chevaux		Bœufs		Journées		Argent	
1883-Juin	6	Fauchage......................	1	»	»	»	»	»	9	»	36	»
	7	idem et fanage...............	1	»	»	»	»	»	13	»	42	»
	8	idem id.	1	»	»	»	»	»	13	»	42	»
	9	idem id. et transport 8500 k°	4	»	2	»	4	»	13	»	42	»
	11	Transport et emmagasinage 7200 k°	4	»	2	»	4	»	5	»	20	»
	12	..........idem..........7300 k°	4	»	2	»	4	»	5	»	20	»
	13	..........idem..........7000 k°	4	»	2	»	4	»	5	»	20	»
Septembre	30	Totaux.......	19	»	8	»	16	»	63	»	222	»

CULTURE DE VESCES

DATES		NATURE DES TRAVAUX	Employés		Chevaux		Bœufs		Journées		Argent	
1883-Janvier	22	Labour de prépar. du sol et fumure 7500 k°..	3	»	2	»	4	»	»	»	»	»
	23	..........idem........8000 —..	3	»	2	»	4	»	»	»	»	»
	24	..........idem........6500 —..	3	»	2	»	4	»	»	»	»	»
	25	..........idem........6750 —..	3	»	2	»	4	»	»	»	»	»
	26	..........idem........8250 —..	3	»	2	»	4	»	»	»	»	»
	27	..........idem........7300 —..	3	»	2	»	4	»	»	»	»	»
Mars	19	Labour de semaille et semaille....	2	»	»	»	4	»	»	25	»	75
	20	..........idem.............	2	»	»	»	4	»	»	25	»	75
Avril	2	..........idem.............	2	»	»	»	4	»	»	25	»	75
	3	..........idem.............	2	»	»	«	4	»	»	25	»	75
	12	..........idem.............	2	»	»	»	4	»	»	25	»	75
	13	..,........idem.............	2	»	»	»	4	»	»	25	»	75
	16	..........idem.............	2	»	»	»	4	»	»	25	»	75
	30	Totaux......	32	»	12	»	52	»	1	75	5	25
Mai	14	Fauch. et transp. de fourrage vert	»	»	»	»	1	»	»	50	1	50
	15	.... idem.............	»	»	»	»	1	»	»	50	1	50
	16	.... idem.............	»	»	»	»	1	»	»	50	1	50
	17	.... idem.............	»	»	»	»	1	»	»	50	1	50
	18	.... idem.............	»	»	»	»	1	»	»	50	1	50
	19	.... idem.............	»	»	»	»	2	»	1	»	3	»
	21	.... idem.............	»	»	»	»	1	»	»	50	1	50
	22	.... idem.............	»	»	»	»	1	»	»	50	1	50
	23	.... idem.............	»	»	»	»	1	»	»	50	1	50
	24	.... idem.............	»	»	»	»	1	»	»	50	1	50
	25	.... idem.............	»	»	»	»	1	»	»	50	1	50
	26	.... idem.............	»	»	»	»	2	»	»	»	3	»
	28	.... idem.............	»	»	»	»	1	»	»	50	1	50
	29	.... idem.............	»	»	»	»	1	»	»	50	1	50
		A reporter....	»	»	»	»	16	»	8	»	24	»

CULTURE DE VESCES

DATES		NATURE DES TRAVAUX	TRAVAUX									
			JOURNÉES						JOURNALIERS			
			Employés		Chevaux		Bœufs		Journées		Argent	
		Report.....	»	»	»	»	16	»	8	»	24	»
1883-Mai	30	Fauch. et transp. de fourrage vert	»	»	»	»	1	»	»	50	1	50
	31	...............idem............	»	»	»	»	1	»	»	50	1	50
Juin	1er	..............idem.............	»	»	»	»	1	»	»	50	1	50
	2	..............idem.............	»	»	»	»	2	»	1	»	3	»
	4	..............idem.............	»	»	»	»	1	»	»	50	1	50
	5	..............idem.............	»	»	»	»	1	»	»	50	1	50
	6	..............idem.............	»	»	»	»	1	»	»	50	1	50
	7	..............idem.............	»	»	»	»	1	»	»	50	1	50
	8	..............idem.............	»	»	»	»	2	»	1	»	3	»
	9	..............idem.............	»	»	»	»	1	»	»	50	1	50
	11	..............idem.............	»	»	»	»	1	»	»	50	1	50
	12	..............idem.............	»	»	»	»	1	»	»	50	1	50
	13	..............idem.............	»	»	»	»	1	»	»	50	1	50.
	14	..............idem.............	»	»	»	»	1	»	»	50	1	50
	15	..............idem.............	»	»	»	»	2	»	1	»	3	»
	16	..............idem.............	»	»	1	»	»	»	»	50	1	50
	18	..............idem.............	»	»	1	»	»	»	»	50	1	50
	19	..............idem.............	»	»	1	»	»	»	»	50	1	50
	20	..............idem.............	»	»	1	»	»	»	»	50	1	50
	21	..............idem.............	»	»	1	»	»	»	»	50	1	50
	22	..............idem.............	»	»	1	»	»	»	»	50	1	50
	30	Totaux......	»	»	5	»	35	»	20	»	60	»

RÉCAPITULATION

	Employés		Chevaux		Bœufs		Journées		Argent	
Totaux au 30 avril.....	32	»	12	»	52	»	1	75	5	25
— au 30 juin.......	»	»	5	»	35	»	20	»	60	»
Totaux généraux........	32	»	17	»	87	»	21	75	65	25

PRAIRIES NATURELLES

DATES		NATURE DES TRAVAUX	Employés		Chevaux		Bœufs		Journées		Argent	
1883-Mars	1	Curage de rigoles et étaupinage...	4	»	»	»	»	»	3	»	9	»
	2	...........idem.......	1	»	»	»	»	»	3	»	9	»
	3	...........idem...............	4	»	»	»	»	»	3	»	9	»
	5	...........idem...............	4	»	»	»	»	»	3	»	9	»
	6	...........idem.......	4	»	»	»	»	»	3	»	9	»
	7	...........idem...............	4	»	»	»	»	»	3	»	9	»
Avril	30	Totaux......	21	»	»	»	»	»	18	»	54	»

PRAIRIES NATURELLES

DATES		NATURE DES TRAVAUX	TRAVAUX									
			JOURNÉES						JOURNALIERS			
			Employés		Chevaux		Bœufs		Journées		Argent	
1883-Juin	14	Fauchaison....................	1	»	»	»	»	»	6	»	19	»
	15	idem et fanage............	1	»	»	»	»	»	6	»	19	»
	16	idem » et transport...	1	»	»	»	»	»	6	»	19	»
	18	idem » »	4	»	2	»	4	»	10	»	35	»
	19	idem » »	4	»	2	»	4	»	10	»	35	»
	20	idem » »	4	»	2	»	4	»	10	»	35	»
	21	idem » »	4	»	2	»	4	»	10	»	35	»
	22	idem » »	4	»	2	»	4	»	6	»	19	»
	23	idem » »	4	»	2	»	4	»	6	»	19	»
	25	Transport 7600 kᵒ	4	»	2	»	2	»	»	»	»	»
	26	idem 8400 —......	4	»	2	»	2	»	»	»	»	»
	27	idem 8900 —......	4	»	2	»	2	»	»	»	»	»
	28	idem 3100 —......	4	»	2	»	2	»	»	»	»	»
	29	idem 2700 —......	4	»	2	»	2	»	»	»	»	»
	30	idem 9300 —......	4	»	2	»	2	»	»	»	»	»
Septembre	30	Totaux......	51	»	24	«	36	»	70	»	235	»

RÉCAPITULATION

	Employés		Chevaux		Bœufs		Journées		Argent	
Totaux au 30 avril.....	21	»	»	»	»	»	18	»	54	»
— au 30 septembre	51	»	24	»	36	»	70	»	235	»
Totaux généraux.....	72	»	24	»	36	»	88	»	289	»

CULTURE DE LA VIGNE

DATES		NATURE DES TRAVAUX	Employés		Chevaux		Bœufs		Journées		Argent	
Janvier	2	Travaux de provignage..........	1	»	»	»	»	«	»	»	»	»
	3	......idem......	1	»	»	»	»	»	»	»	»	»
	4	......idem......	1	»	»	»	»	«	»	»	»	»
	5	......idem............	1	»	»	»	»	«	»	»	»	»
	6	......idem............	1	»	»	»	»	»	»	»	»	»
	17	......idem....	1	»	»	»	»	»	»	»	»	»
	18	......idem	1	«	»	»	»	»	»	»	»	»
	22	......idem............	1	»	»	»	»	»	»	»	»	»
	23	......idem...............	1	»	»	»	»	»	»	»	»	»
	24	..... .idem................	1	»	»	»	»	»	»	»	»	»
	25	......idem...............	1	»	»	»	»	»	»	»	»	»
	26	......idem...............	1	»	»	«	»	»	»	»	»	»
	27	......idem...............	1	»	»	»	»	«	»	»	»	»
Février	5	Taille...................	1	»	»	«	»	»	»	»	»	»
	6	idem...................	1	»	»	»	»	»	»	»	»	»
		A reporter.......	15	»	»	»	»	»	»	»	»	»

CULTURE DE LA VIGNE

DATES		NATURE DES TRAVAUX	TRAVAUX									
			JOURNÉES						JOURNALIERS			
			Employés		Chevaux		Bœufs		Journées		Argent	
		Report......	15	»	»	»	»	»	»	»	»	»
1883-Février	7	Taille	1	»	»	»	»	»	»	»	»	»
	8	idem	1	»	»	»	»	»	»	»	»	»
	9	idem	1	»	»	»	»	»	»	»	»	»
	10	idem	1	»	»	»	»	»	»	»	»	»
	26	idem	1	»	»	»	»	»	»	»	»	»
	27	idem	1	»	»	»	»	»	»	»	»	»
Mars	19	Fagotage de sarments	2	»	»	»	»	»	»	75	2	25
	20	......idem	2	»	»	»	»	»	»	75	2	25
	23	......idem	4	»	»	»	»	»	»	»	»	»
	24	......idem	4	»	»	»	»	»	»	»	»	»
	25	......idem	4	»	»	»	»	»	»	»	»	»
	26	......idem	4	»	»	»	»	»	»	»	»	»
	27	......idem	4	»	»	»	»	»	»	»	»	»
	28	......idem	4	»	»	»	»	»	»	»	»	»
Avril	2	Labour et piochage	2	»	3	»	»	»	5	75	17	25
	3	....idem	2	»	3	»	»	»	5	75	17	25
	4	....idem	4	»	3	»	»	»	8	»	24	»
	5	....idem	4	»	3	»	»	»	8	»	24	»
	6	....idem	4	»	3	»	»	»	8	»	24	»
	7	....idem	4	»	3	»	»	»	8	»	24	»
	9	....idem	1	»	»	»	»	»	8	»	24	»
	10	....idem	1	»	»	»	»	»	8	»	24	»
	11	....idem	1	»	»	»	»	»	8	»	24	»
	12	....idem	1	»	»	»	»	»	8	»	24	»
	16	Labour croisé	3	»	1	»	4	»	»	»	»	»
	17	...idem	3	»	1	»	4	»	»	»	»	»
	20	...idem	4	»	3	»	2	»	»	»	»	»
	21	...idem	4	»	3	»	2	»	»	»	»	»
	23	...idem	2	»	2	»	»	»	»	»	»	»
	24	...idem	2	»	2	»	»	»	»	»	»	»
	26	...idem	2	»	2	»	»	»	»	»	»	»
	30	Totaux	93	»	32	»	12	»	77	»	231	»
Mai	7	Labour croisé	3	»	2	»	2	»	»	»	»	»
	8	...idem	3	»	2	»	2	»	»	»	»	»
	9	...idem	4	»	3	»	2	»	»	»	»	»
	10	...idem	4	»	3	»	2	»	»	»	»	»
	11	...idem	4	»	3	»	2	»	»	»	»	»
	12	...idem	4	»	3	»	2	»	»	»	»	»
	14	Travail au pied des souches	4	»	»	»	»	»	2	50	7	50
	15	..........idem	4	»	»	»	»	»	2	50	7	50
		A reporter......	30	»	16	»	12	»	5	»	15	»

CULTURE DE LA VIGNE

DATES		NATURE DES TRAVAUX	Employés		Chevaux		Bœufs		Journées		Argent	
		Report....	30	»	16	»	12	»	5	»	15	»
1883-Mai	16	Travail au pied des souches	4	»	»	»	»	»	2	50	7	50
	17	..........idem	4	»	»	»	»	»	2	50	7	50
	18	..........idem	4	»	»	»	»	»	2	50	7	50
	19	..........idem	4	»	»	»	»	»	2	»	6	»
Juin	4	Travail à l'extirpateur	2	»	2	»	»	»	»	«	»	»
	5	......idem	2	»	2	»	»	»	»	»	»	»
	6	......idem	2	»	2	»	»	»	»	»	»	»
	7	......idem et rentrée de fagots de sarments	2	»	2	»	»	»	»	»	»	»
	8	......idem .... idem	2	»	2	»	»	»	»	»	»	»
Juillet	6	Arrachage d'herbes	4	»	»	»	»	»	»	»	»	»
	7	......idem	4	»	»	»	»	»	»	»	»	»
Août	6	......idem	1	»	»	»	»	»	2	»	3	»
	7	......idem	1	»	»	»	»	»	2	»	3	»
	8	......idem	1	»	»	»	»	»	2	»	3	»
Septembre	17	Vendanges	2	»	2	»	2	»	10	»	25	»
	18	...idem	2	»	2	»	2	»	10	»	25	»
	19	...idem	2	»	2	»	2	»	10	»	25	»
	20	...idem	2	»	2	»	2	»	10	»	25	»
	21	...idem	2	»	2	»	2	»	10	»	25	»
	22	...idem	2	»	2	»	2	»	10	»	25	»
	24	...idem	2	»	2	»	2	»	10	»	25	»
	25	...idem	2	»	2	»	2	»	10	»	25	»
	26	...idem	2	»	2	»	2	»	10	»	25	»
	30	Totaux......	85	»	44	»	30	»	110	50	277	50
Octobre	1er	Décuvaison	1	»	»	»	»	»	2	»	6	»
	2	...idem	1	»	»	»	»	»	2	»	6	»
	3	...idem	1	»	»	»	»	»	2	»	6	»
	4	...idem	1	»	»	»	»	»	2	»	6	»
Décembre	31	Totaux.......	4	»	»	»	»	»	8	»	24	»

RÉCAPITULATION

	Employés		Chevaux		Bœufs		Journées		Argent	
Totaux au 30 avril....	93	»	32	»	12	»	77	»	231	»
— au 30 septembre	85	»	44	»	30	»	110	50	277	50
— au 31 décembre	4	»	»	»	»	»	8	»	24	»
Totaux généraux...	182	»	76	»	42	»	195	50	532	50

EMBLAVURES BLÉ

DATES		NATURE DES TRAVAUX	TRAVAUX									
			JOURNÉES						JOURNALIERS			
			Employés		Chevaux		Bœufs		Journées		Argent	
1883-Août	21	Labour de préparation du sol après une culture de vesces...........	3	»	2	»	4	»	»	»	»	»
	22	......idem...................	3	»	2	»	4	»	»	»	»	»
	23	......idem. et hersage..........	4	»	3	»	4	»	»	»	»	»
	24	......idem...................	4	»	3	»	4	»	»	»	»	»
	25	......idem...................	4	»	3	»	4	»	»	»	»	»
	27	......idem...................	4	»	3	»	4	»	»	»	»	»
	28	......idem après cult. de trèfle..	4	»	3	»	4	»	»	»	»	»
	29	......idem...................	4	»	3	»	4	»	»	»	»	»
	30	......idem...................	4	»	3	»	4	»	»	»	»	»
	31	......idem...................	4	»	3	»	4	»	»	»	»	»
Septembre	5	......idem...................	4	»	3	»	4	»	»	»	»	»
	7	......idem...................	4	»	3	»	4	»	»	»	»	».
	8	......idem...................	4	»	3	»	4	»	»	»	»	»
	14	......idem...................	4	»	3	»	4	»	»	»	»	»
	15	......idem...................	4	»	3	»	4	»	»	»	»	»
	17	Labour de semaille après une cult. de pommes de terre.............	2	»	1	»	2	»	»	»	»	»
	18	........idem.................	2	»	1	»	2	»	»	»	»	»
	19	........idem.................	2	»	1	»	2	»	»	»	»	»
	20	........idem.................	2	»	1	»	2	»	»	»	»	»
	21	........idem.................	2	»	1	»	2	»	»	»	»	»
	22	........idem.................	2	»	1	»	2	»	»	»	»	»
	28	........idem.................	2	»	3	»	»	»	»	»	»	»
	29	........idem.................	2	»	3	»	»	»	»	»	»	»
	30	Totaux........	74	»	55	»	72	»	»	»	»	»
Octobre	1er	Semaille et hersage	3	»	2	»	»	»	»	»	»	»
	2	......idem...................	3	»	2	»	»	»	»	»	»	»
	3	......idem...................	3	»	2	»	»	»	»	»	»	»
	4	......idem...................	3	»	2	»	»	»	»	»	»	»
	5	......idem...................	3	»	2	»	»	»	»	»	»	»
	6	......idem...................	3	»	2	»	»	»	»	»	»	»
	8	Labour et fumure........6.500 k°	2	»	3	»	»	»	1	»	3	»
	9	....idem................6.000 —	2	»	3	»	»	»	1	»	3	»
	10	....idem................5.800 —	2	»	3	»	»	»	1	»	3	»
	11	....idem................6.700 —	2	»	3	»	»	»	1	»	3	»
	12	....idem................5.000 —	3	»	3	»	»	»	»	»	»	»
	25	Labour et harsage	4	»	3	»	4	»	»	»	»	»
	26	......idem...................	4	»	3	»	4	»	»	»	»	»
	31	Hersage et semaille.............	4	»	3	»	4	»	»	»	»	»
		A reporter......	41	»	36	»	12	»	4	»	12	»

EMBLAVURES BLÉ

DATES		NATURE DES TRAVAUX	JOURNÉES — Employés		Chevaux		Bœufs		JOURNALIER — Journées		Argent	
		Report......	41	»	36	»	12	»	4	»	12	»
1883-Novemb.	2	Hersage et semaille............	4	»	3	»	4	»	»	»	»	»
Décembre	31	Totaux.....	45	»	39	»	16	»	4	»	12	»

RÉCAPITULATION

	NATURE	Employés		Chevaux		Bœufs		Journées		Argent	
	Totaux au 30 avril....	74	»	55	»	72	»	»	»	»	»
	— au 31 décembre	45	»	39	»	16	»	4	»	12	»
	Totaux généraux...	119	»	94	»	88	»	4	»	12	»

EMBLAVURES AVOINE

DATES		NATURE DES TRAVAUX	Employés		Chevaux		Bœufs		Journées		Argent	
1883-Décembre	3	Labour et préparation du sol	3	»	2	»	4	»	»	»	»	»
	5	.........idem	3	»	2	»	4	»	»	»	»	»
	6	.........idem et semaille.......	3	»	2	»	4	»	»	»	»	»
	7	.........idem.....id.	3	»	2	»	4	»	»	»	»	»
	8	.........idem.....id.	3	»	2	»	4	»	»	»	»	»
	9	.........idem.....id.	3	»	2	»	4	»	»	»	»	»
	10	.........idem.....id.	3	»	2	»	4	»	»	»	»	»
	13	Piochage des bordures du champ et fourrières	3	»	»	»	»	»	»	»	»	»
	14	............idem	3	»	»	»	»	»	»	»	»	»
	15	............idem	4	»	»	»	»	»	»	»	»	»
Décembre	31	Totaux.....	31	»	14	»	28	»	»	»	»	»

EMBLAVURES TRÈFLE

DATES		NATURE DES TRAVAUX	Employés		Chevaux		Bœufs		Journées		Argent	
1883-Mars	12	Semaille de trèfle dans une culture d'avoine........................	»	»	»	»	»	»	1	»	3	»
	13	...........idem	»	»	»	»	»	»	1	»	3	»
	14	...........idem	»	»	»	»	»	»	1	»	3	»
	15	...........idem..............	»	»	»	»	»	»	1	»	3	»
Décembre	31	Totaux.....	»	»	»	»	»	»	4	»	12	»

TRAVAUX POUR CULTURE DE BETTERAVES EN 1884

DATES		NATURE DES TRAVAUX	TRAVAUX									
			JOURNÉES						JOURNALIERS			
			Employés		Chevaux		Bœufs		Journées		Argent	
1883-Décembre	10	Labour profond et piochage pour préparation du sol............	4	»	3	»	»	»	»	»	»	»
	11	........idem.........	4	»	3	»	»	»	»	»	»	»
	12	........idem................	4	»	3	»	»	»	»	»	»	»
	13	........idem.....	4	»	3	»	»	»	»	»	»	»
	14	........idem..............	4	»	3	»	»	»	»	»	»	»
	15	........idem.............	4	»	3	»	»	»	»	»	»	»
	19	........idem.............	4	»	3	»	»	»	»	»	»	»
	20	........idem.............	4	»	3	»	4	»	»	»	»	»
	21	........idem.............	4	»	3	»	4	»	»	»	»	»
	26	........idem.............	4	»	3	»	4	»	»	»	»	»
	27	........idem.............	4	»	3	»	4	»	»	»	»	»
	28	........idem.............	4	»	3	»	4	»	»	»	»	»
	31	Totaux.....	48	»	36	»	20	»	»	»	»	»

TRAVAUX POUR LA CULTURE DE CAROTTES EN 1884

DATES		NATURE DES TRAVAUX	Employés		Chevaux		Bœufs		Journées		Argent	
Décembre	1	Labour profond pour prépar. du sol	4	»	3	»	4	»	»	»	»	»
	3	..........idem................	4	»	3	»	4	»	»	»	»	»
	4	..........idem................	4	»	3	»	4	»	»	»	»	»
	5	..........idem et piochage......	4	»	3	»	»	»	»	»	»	»
	8	..........idem .... id........	4	»	3	»	»	»	»	»	»	»
	31	Totaux.....	20	»	15	»	12	»	»	»	»	»

JARDIN

DATES		NATURE DES TRAVAUX	Employés		Chevaux		Bœufs		Journées		Argent	
1883-Janvier	17	Labour à la main...............	»	»	»	»	»	»	3	»	9	»
	18	......idem...................	»	»	»	»	»	»	3	»	9	»
	29	......idem...................	»	»	»	»	»	»	4	»	12	»
	30	......idem...................	»	»	»	»	»	»	4	»	12	»
Mars	29	Semis et plantations...........	»	»	»	»	»	»	2	»	6	»
	30	......idem...................	»	»	»	»	»	»	2	»	6	»
Avril	30	Totaux	»	»	»	»	»	»	18	»	54	»
Mai	21	Binages et plantations..........	»	»	»	»	»	»	1	»	3	»
	22	......idem...................	»	»	»	»	»	»	1	»	3	»
	23	......idem	»	»	»	»	»	»	1	»	3	«
	24	......idem...................	»	»	»	»	»	»	1	»	3	»
Juin	14	Binages et arrosages...........	»	»	»	»	»	»	1	»	3	»
		A reporter.....	»	»	»	»	»	»	5	»	15	»

JARDIN

DATES		NATURE DES TRAVAUX	TRAVAUX									
			JOURNÉES						JOURNALIERS			
			Employés		Chevaux		Bœufs		Journées		Argent	
		Report.....	»	»	»	»	»	»	5	»	15	»
1883-Juin	15	Binages et arrosages...........	»	»	»	»	»	»	1	»	3	»
	16	......idem................	»	»	»	»	»	»	1	»	3	»
Juillet	4	......idem................	»	»	»	»	»	»	1	»	3	»
	5	......idem	»	»	»	»	»	»	1	»	3	»
Août	21	......idem................	»	»	»	»	»	»	1	»	3	»
	22	Semis et arrosages.............	»	»	»	»	»	»	1	»	3	»
Septembre	30	......idem................	»	»	»	»	»	»	1	»	3	»
		Totaux......:	»	»	»	»	»	»	11	»	33	»

RÉCAPITULATION

			Employés		Chevaux		Bœufs		Journées		Argent	
		Totaux au 30 avril.........	»	»	»	»	»	»	18	»	54	»
		— au 30 septembre ...	»	»	»	»	»	»	11	»	33	»
		Totaux généraux...	»	»	»	»	»	»	29	»	87	»

CHEMINS

DATES		NATURE DES TRAVAUX	Employés		Chevaux		Bœufs		Journées		Argent	
Mai	21	Travaux divers d'entretien........	3	»	2	»	»	»	»	»	»	»
	22	........idem................	3	»	2	»	»	»	»	»	»	»
	23	........idem................	3	»	2	»	»	»	»	»	»	»
	24	........idem................	3	»	2	»	»	»	»	»	»	»
	25	........idem................	4	»	2	»	»	»	»	»	»	»
	26	........idem................	4	»	2	»	»	»	»	»	»	»
Septembre	30	Totaux......	20	»	12	»	»	»	»	»	»	»
Décembre	6	Travaux divers d'entretien........	4	»	»	»	»	»	»	»	»	»
	17	........idem................	4	»	»	»	»	»	»	»	»	»
	31	........idem................	2	»	»	»	»	»	»	»	»	»
	31	Totaux......	10	»	»	»	»	»	»	»	»	»

RÉCAPITULATION

			Employés		Chevaux		Bœufs		Journées		Argent	
		Totaux au 30 septembre..	20	»	12	»	»	»	»	»	»	»
		— au 30 décembre...	10	»	»	»	»	»	»	»	»	»
		Totaux généraux...	30	»	12	»	»	»	»	»	»	»

CHAULAGE

DATES		NATURE DES TRAVAUX	Employés		Chevaux		Bœufs		Journées		Argent	
1883-Janvier	17	Mise en tas de la chaux et couvert^{re}	3	»	»	»	»	»	»	»	»	»
	18	...........idem................	3	»	»	»	»	»	»	»	»	»
	29	...........idem................	4	»	»	»	»	»	»	»	»	»
	30	...........idem................	4	»	»	»	»	»	»	»	»	»
Mars	29	Épandage de la chaux et hersage..	4	»	2	»	»	»	»	»	»	»
	30	...........idem................	4	»	2	»	»	»	»	»	»	»
Avril	30	Totaux........	22	»	4	»	»	»	»	»	»	»

NAVETS EN CULTURE DÉROBÉE

DATES		NATURE DES TRAVAUX	Employés		Chevaux		Bœufs		Journées		Argent	
1883-Juillet	24	Labour de déchaumage et semaille.	4	»	3	»	4	»	»	»	»	»
	25	...........idem................	4	»	3	»	4	»	»	»	»	»
	26	...........idem................	4	»	3	»	4	»	»	»	»	»
	27	...........idem................	4	»	3	»	4	»	»	»	»	»
	28	...........idem................	4	»	3	»	4	»	»	»	»	»
	30	...........idem................	4	»	3	»	4	»	»	»	»	»
	31	...........idem................	4	»	3	»	4	»	»	»	»	»
Août	1er	...........idem................	2	»	2	»	2	»	»	»	»	»
	2	...........idem................	2	»	2	»	2	»	»	»	»	»
	3	...........idem................	2	»	2	»	2	»	»	»	»	»
	4	...........idem................	2	»	2	»	2	»	»	»	»	»
Septembre	1er	Sarclage....................	4	»	»	»	»	»	»	»	»	»
	3	..idem....................	4	»	»	»	»	»	»	»	»	»
	4	..idem....................	4	»	»	»	»	»	»	»	»	»
	5	..idem....................	4	»	»	»	»	»	»	»	»	»
Novembre	19	Arrachage	4	»	»	»	»	»	4	»	6	»
	20	..idem	4	»	»	»	»	»	4	»	6	»
	21	..idem	4	»	»	»	»	»	4	»	6	»
	22	..idem et emmagasinage	4	»	2	»	2	»	2	»	6	»
	23	..idem........id................	4	»	2	»	2	»	2	»	6	»
	27	..idem........id................	4	»	2	»	2	»	»	»	»	»
	28	Emmagasinage	4	»	2	»	2	»	»	»	»	»
	29	...idem	4	»	2	»	2	»	»	»	»	»
	30	...idem	4	»	2	»	2	»	»	»	»	»
		Totaux.....	88	»	41	»	48	»	16	»	30	»

7

VACHERIE, PORCHERIE, BERGERIE

DATES	NATURE DES TRAVAUX	TRAVAUX								
		JOURNÉES					JOURNALIERS			
		Employés	Chevaux		Bœufs		Journées		Argent	
	1 *homme* pendant toute l'année, et dont le travail a été réparti ainsi qu'il suit :									
	Pour la **Vacherie** :									
	du 1er janvier au 30 avril	80	»	»	»	»	»	»	»	»	»
	du 1er mai au 30 septembre	115	»	»	»	»	»	»	»	»	»
	du 1er octobre au 31 décembre	69	»	»	»	»	»	»	»	»	»
	Pour la **Porcherie** :									
	du 1er janvier au 30 avril	30	»	»	»	»	»	»	»	»	»
	du 1er mai au 30 septembre	38	»	»	»	»	»	»	»	»	»
	du 1er octobre au 31 décembre	23	»	»	»	»	»	»	»	»	»
	Pour la **Bergerie** :									
	du 1er janvier au 25 mars	10	»	»	»	»	»	»	»	»	»
	Total	365	»	»	»	»	»	»	»	»	»

Nota. — Pour connaître la dépense occasionnée par le travail des *Employés* et des *Attelages,* il n'y a qu'à multiplier les nombres de journées du *Livre des Travaux* par les *prix de revient* indiqués au *Grand Livre,* dans les comptes *Main-d'œuvre* (gagistes), *Attelages de Bœufs* et *Attelages de Chevaux.*

LIVRE DE PAYE DES JOURNALIERS

Ce livre, qui est d'une utilité incontestable, fait connaître, jour par jour, quels sont les ouvriers qui travaillent à la ferme, le total des journées faites, la somme qui doit être payée à chaque ouvrier et le chiffre de la dépense à solder le jour de la paye.

Quelle que soit la disposition admise pour inscrire les noms des journaliers et les journées qu'ils ont faites, on doit totaliser tous les jours le *Livre de paye*, parce qu'il sert à vérifier l'exactitude des opérations enregistrées chaque soir sur le *Livre des travaux*.

Pour faciliter ces additions journalières, on peut inscrire dans une première colonne verticale les noms des journaliers, et dans d'autres colonnes, qui lui sont parallèles, les chiffres des journées avec leurs prix. En tête de ces dernières colonnes, on place l'indication de tous les jours de la huitaine ou de la quinzaine, suivant l'usage suivi pour la paye des journaliers dans la localité.

Il est vrai que, avec cette disposition, le nombre de journées de chaque ouvrier se détermine, au jour de la paye, par une addition qui doit se faire en travers ; mais cela n'arrive qu'une fois tous les huit ou quinze jours, tandis que tous les jours il faudrait agir de même si l'on adoptait une disposition inverse.

Enfin, dans le tracé de ce livre, il doit se trouver une dernière colonne indiquant la somme à payer à chaque ouvrier par huitaine ou par quinzaine. L'addition de toutes ces sommes fournit le chiffre du montant de la paye.

ANNÉE 1883   LIVRE DE PAYE

INDICATION DES QUINZAINES et Noms des ouvriers	DIMANCHE		LUNDI		MARDI		MERCREDI		JEUDI		VENDREDI	
	Journée J	Argent A	J	A	J	A	J	A	J	A	J	A
Quinzaine du 1er au 13 janvier												
Jean	»	»	»	»	»	»	»	»	»	»	»	»
Quinzaine du 14 au 21 janvier												
Jean	»	»	»	»	»	»	1	3	1	3	»	»
Pierre	»	»	»	»	»	»	1	3	1	3	»	»
Paul	»	»	»	»	»	»	1	3	1	3	»	»
Totaux	»	»	»	»	»	»	3	9	3	9	»	»
Quinzaine du 29 janvier au 10 février												
Jean	»	»	1	3	1	3	»	»	1	3	1	3
Pierre	»	»	1	3	1	3	»	»	1	3	1	3
Paul	»	»	1	3	1	3	»	»	1	3	1	3
Louis	»	»	1	3	1	3	»	»	»	»	»	»
Totaux	»	»	4	12	4	12	»	»	3	9	3	9
Quinzaine du 11 au 24 février												
Marie	»	»	1	1 50	1	1 50	1	1 50	»	»	»	»
Louise	»	»	1	1 50	1	1 50	1	1 50	1	1 50	»	»
Jeanne	»	»	1	1 50	1	1 50	1	1 50	»	»	»	»
Jean	»	»	»	»	»	»	»	»	»	»	1	3
Pierre	»	»	»	»	»	»	»	»	»	»	1	3
Paul	»	»	»	»	»	»	»	»	»	»	1	3
Louis	»	»	»	»	»	»	»	»	»	»	»	»
Totaux	»	»	3	4 50	3	4 50	3	4 50	1	1 50	3	9
Quinzaine du 25 février au 10 mars												
Jean	»	»	»	»	»	»	»	»	1	3	1	3
Pierre	»	»	»	»	»	»	»	»	1	3	1	3
Paul	»	»	»	»	»	»	»	»	1	3	1	3
Louis	»	»	»	»	»	»	»	»	1	3	1	3
Marie	»	»	»	»	»	»	»	»	»	»	»	»
Louise	»	»	»	»	»	»	»	»	»	»	»	»
Totaux	»	»	»	»	»	»	»	»	4	12	4	12

DES JOURNALIERS

| SAMEDI | | DIMANCHE | | LUNDI | | MARDI | | MERCREDI | | JEUDI | | VENDREDI | | SAMEDI | | TOTAUX par quinzaine |
J	A	J	A	J	A	J	A	J	A	J	A	J	A	J	A	
» »	» »	» »	» »	» »	» »	» »	» »	» »	» »	1 »	3 »	1 »	3 »	1 »	3 »	9 »
» »	» »	» »	» »	» »	» »	» »	» »	» »	» »	» »	» »	» »	» »	» »	» »	6 »
» »	» »	» »	» »	» »	» »	» »	» »	» »	» »	» »	» »	» »	» »	» »	» »	6 »
» »	» »	» »	» »	» »	» »	» »	» »	» »	» »	» »	» »	» »	» »	» »	» »	6 »
» »	» »	» »	» »	» »	» »	» »	» »	» »	» »	» »	» »	» »	» »	» »	» »	18 »
1 »	3 »	» »	» »	» »	» »	» »	» »	» »	» »	» »	» »	» »	» »	» »	» »	15 »
1 »	3 »	» »	» »	» »	» »	» »	» »	» »	» »	» »	» »	» »	» »	» »	» »	15 »
1 »	3 »	» »	» »	» »	» »	» »	» »	» »	» »	» »	» »	» »	» »	» »	» »	15 »
» »	» »	» »	» »	» »	» »	» »	» »	» »	» »	» »	» »	» »	» »	» »	» »	6 »
3 »	9 »	» »	» »	» »	» »	» »	» »	» »	» »	» »	» »	» »	» »	» »	» »	51 »
» »	» »	» »	» »	» »	» »	» »	» »	» »	» »	» »	» »	» »	» »	» »	» »	4 50
» »	» »	» »	» »	» »	» »	» »	» »	» »	» »	» »	» »	» »	» »	» »	» »	6 »
» »	» »	» »	» »	» »	» »	» »	» »	» »	» »	» »	» »	» »	» »	» »	» »	4 50
1 »	3 »	» »	» »	1 »	3 »	1 »	3 »	1 »	3 »	1 »	3 »	1 »	3 »	1 »	3 »	24 »
1 »	3 »	» »	» »	1 »	3 »	1 »	3 »	1 »	3 »	1 »	3 »	1 »	3 »	1 »	3 »	24 »
1 »	3 »	» »	» »	1 »	3 »	1 »	3 »	1 »	3 »	1 »	3 »	1 »	3 »	1 »	3 »	24 »
» »	» »	» »	» »	» »	» »	» »	» »	» »	» »	» »	» »	1 »	3 »	1 »	3 »	6 »
3 »	9 »	» »	» »	3 »	9 »	3 »	9 »	3 »	9 »	3 »	9 »	4 »	12 »	4 »	12 »	93 »
1 »	3 »	» »	» »	1 »	3 »	1 »	3 »	1 »	3 »	» »	» »	» »	» »	1 »	3 »	21 »
1 »	3 »	» »	» »	1 »	3 »	1 »	3 »	1 »	3 »	» »	» »	» »	» »	» »	» »	18 »
1 »	3 »	» »	» »	1 »	3 »	1 »	3 »	1 »	3 »	» »	» »	» »	» »	» »	» »	18 »
1 »	3 »	» »	» »	1 »	3 »	1 »	3 »	1 »	3 »	» »	» »	» »	» »	» »	» »	18 »
» »	» »	» »	» »	1 »	1 50	1 »	1 50	1 »	1 50	1 »	1 50	1 »	1 50	1 »	1 50	9 »
» »	» »	» »	» »	1 »	1 50	1 »	1 50	1 »	1 50	1 »	1 50	1 »	1 50	1 »	1 50	9 »
4 »	12 »	» »	» »	6 »	15 »	6 »	15 »	6 »	15 »	2 »	3 »	2 »	3 »	3 »	6 »	93 »

Nous ne croyons pas qu'il soit nécessaire d'établir en entier le *Livre de paye des journaliers* pour faire connaître la manière dont il doit être tenu. L'exemple que nous avons donné des cinq premières quinzaines de l'année nous paraît suffisant pour atteindre ce résultat.

A partir du 11 mars, nous allons nous borner à donner le total par quinzaine des sommes dépensées en travaux de journaliers :

Quinzaine du 11 au 24 mars	55,50
— 25 mars au 7 avril	144 »
— 8 mars au 21 idem	98,25
— 22 avril au 5 mai	42 »
— 6 au 19 idem	54 »
— 20 mai au 2 juin	183 »
— 3 au 16 idem	309 »
— 17 au 30 idem	285,50
— 1er au 14 juillet	306 »
— 15 au 28 idem	155 »
— 29 juillet au 11 août	729 »
— 12 au 25 idem	165 »
— 9 au 22 septembre	150 »
— 23 septembre au 6 octobre	189 »
— 7 au 20 idem	208,50
— 21 octobre au 3 novembre	45 »
— 18 novembre au 1er décembre	30 »
Total	3.148,75
En ajoutant les quinzaines du 1er janv. au 10 mars, soit	264 »
on a pour total général	3.412,75

LIVRE DU MÉNAGE

La dépense d'entretien du personnel d'une exploitation rurale ne peut être déterminée que par l'inscription régulière de tous les produits consommés, soit qu'ils aient été obtenus dans la ferme, soit qu'on les ait achetés.

Généralement les frais de ménage sont très-mal constatés dans l'industrie agricole; souvent même il n'en est tenu aucun compte, et alors il est tout à fait impossible d'apprécier quelle peut être leur part d'influence dans le résultat général de l'exploitation. Cependant, lorsque cette partie de l'administration agricole est mal dirigée par la personne qui doit s'en occuper, elle peut être la source d'un grand nombre d'abus entraînant des dépenses inutiles, quelquefois suffisantes pour enrayer sérieusement la prospérité de l'entreprise, ou même la ruiner.

Il est cependant bien facile de se rendre un compte exact des dépenses faites dans un ménage, quelle que soit l'importance du personnel dont il est composé. Il suffit, pour cela, de noter régulièrement tous les produits livrés à la ménagère pour l'entretien de toutes les personnes qu'elle est chargée de soigner. Avec la disposition que nous avons adoptée pour le *Livre du ménage,* il est facile de constater toutes les livraisons de denrées de consommation, et, par suite, de calculer la dépense occasionnée par cet important service pendant un temps déterminé. Pour évaluer cette dépense, il n'y a qu'à prendre le prix d'achat, de vente ou d'emmagasinage des denrées consommées, et à déterminer, avec ces données, la valeur totale que ces denrées représentent.

Nous ferons remarquer que, si le pain est fabriqué à la ferme, ce qui a pour ainsi dire toujours lieu, son prix est déterminé par le prix du blé qui sert à le faire, auquel il faut ajouter les frais de mouture et de fabrication.

Un écueil à éviter dans la détermination des frais de ménage d'une ferme, c'est la confusion des dépenses pour l'entretien de la famille de l'exploitant avec celles qui résultent de l'entretien des gens de service, lorsque cette famille ne prend pas part aux travaux de l'exploitation. Dans ce cas, il est indispensable, si l'on veut connaître exactement ce qu'a coûté l'entretien du personnel de la ferme, de tenir compte des frais des deux ménages séparément.

Lorsque l'exploitation est dirigée par un régisseur, deux cas peuvent se présenter pour la détermination des frais occasionnés par l'entretien de cet agent principal : il est nourri dans la ferme de la même manière que le reste du personnel ; ou bien il reçoit une nourriture spéciale, nécessitant des frais particuliers.

Dans le premier cas, il n'y a qu'à le compter pour une personne de plus et à faire payer sa part de frais de ménage par toutes les spéculations qu'il a dirigées. C'est au compte des *Frais généraux* que l'on inscrit la dépense qu'il occasionne, et qui vient s'ajouter aux autres frais sans affectation spéciale pour le service de l'exploitation.

Dans le second cas, il serait logique d'établir un compte séparé pour les dépenses spéciales du ménage du régisseur, parce qu'elles sont supérieures à celle de chaque personne composant le reste du personnel. Mais ce système, qui serait très-rationnel, offrirait de grandes difficultés dans son exécution.

La première, c'est que la ménagère devrait agir avec une ponctualité qu'il n'est guère possible d'exiger d'elle; ensuite, elle serait naturellement disposée à être agréable au chef qui la surveille et la dirige, en n'indiquant pas exactement toutes les denrées qu'elle aurait employées pour le soigner. Mieux vaut encore, croyons-nous, ne compter pour le régisseur qu'une part de frais de ménage égale à celle de chacun des autres agents nourris et, comme dans le premier cas, solder cette dépense par le compte des *Frais généraux*. Le défaut de précision, dans cette circonstance, n'aurait pas de bien grands inconvénients, parce que le surplus de ce qui devrait être compté comme frais de régie serait réparti sur tous les comptes de production, en se confondant avec les frais d'entretien des domestiques, dont le prix de revient de la journée de travail serait ainsi fort peu augmenté.

Pour éviter, autant que possible, les irrégularités à prévoir dans la détermination des frais d'entretien d'un régisseur, surtout s'il avait une famille prenant sa nourriture avec lui, il conviendrait de lui payer en espèces la complète rémunération de son travail.

A part cette petite difficulté, particulière aux exploitations par régisseur, la tenue d'un *Livre du ménage* est d'une facilité telle, qu'une ménagère sachant à peine lire et écrire peut parfaitement en être chargée. Ce livre est tenu dans les meilleures conditions possibles, lorsque la maîtresse de la maison fait elle-même ce travail et qu'elle dirige le service d'intérieur auquel il se rapporte.

CONSOMMATION DU MÉNAGE

DATES		ORIGINE des DENRÉES	PAIN (kilo)	VIN (litre)	VIANDE (kilo)	LARD (kilo)	HUILE A MANG (kilo)	BEURRE (kilo)	FROMAGE (kilo)	HARICOTS (kilo)	POM. DE TERRE (kilo)	ŒUFS (nombre)	SEL (kilo)	VINAIGRE (litre)	HUILE A BRUL (kilo)	ÉPIC. DIVERSES (valeurs)		JARDINAGE (valeurs)	
1883-Janvier	1er	Magasin (provisions)	44	80	»	10	10	»	4	»	»	»	10	»	10	5	»	»	»
	2	Magasin	»	»	»	»	»	»	»	»	25	»	»	»	»	»	»	»	»
	»	Achat	»	»	»	»	»	»	»	»	»	»	»	12	»	»	»	»	»
	6	Fabrication	40	»	»	»	»	»	»	»	»	»	»	»	»	»	»	»	»
	13	...idem	40	»	»	»	»	»	»	»	»	»	»	»	»	»	»	»	»
	»	Achat	»	»	»	»	»	»	»	50	»	»	»	»	»	»	»	»	»
	20	Fabrication	39	»	»	»	»	»	»	»	»	»	»	»	»	»	»	»	»
	27	...idem	40	»	»	»	»	»	»	»	»	»	»	»	»	»	»	»	»
	31	Acheté dans le mois	»	»	4	»	»	»	»	»	»	»	»	»	»	»	»	»	»
	»	Vacherie et basse-cour	»	»	»	»	»	3	4	»	»	24	»	»	»	»	»	»	»
	»	Magasin	»	»	»	»	»	»	»	»	50	»	»	»	»	»	»	»	»
	»	Jardin	»	»	»	»	»	»	»	»	»	»	»	»	»	»	»	4	»
Février	3	Magasin	»	100	»	»	»	»	»	»	»	»	»	»	»	»	»	»	»
	»	Fabrication	38	»	»	»	»	»	»	»	»	»	»	»	»	»	»	»	»
	»	Achat	»	»	»	»	»	»	»	»	»	»	»	»	25	»	»	»	»
	10	Fabrication	39	»	»	»	»	»	»	»	»	»	»	»	»	»	»	»	»
	17	...idem	40	»	»	»	»	»	»	»	»	»	»	»	»	»	»	»	»
	24	...idem	40	»	»	»	»	»	»	»	»	»	»	»	»	»	»	»	»
	28	Acheté dans le mois	»	»	4	50	»	»	»	»	»	»	»	»	»	10	»	»	»
	»	Vacherie et basse-cour	»	»	»	»	»	3	4	»	»	24	»	»	»	»	»	»	»
	»	Jardin	»	»	»	»	»	»	»	»	»	»	»	»	»	»	»	4	»
Mars	3	Fabrication	39	»	»	»	»	»	»	»	»	»	»	»	»	»	»	»	»
	10	...idem	40	»	»	»	»	»	»	»	»	»	»	»	»	»	»	»	»
	17	Fabrication	38	»	»	»	»	»	»	»	»	»	»	»	»	»	»	»	»
	18	Magasin	»	»	»	»	»	»	»	»	50	»	»	»	»	»	»	»	»
	24	Fabrication	40	»	»	»	»	»	»	»	»	»	»	»	»	»	»	»	»
	31	...idem	41	»	»	»	»	»	»	»	»	»	»	»	»	»	»	»	»
	»	Achats du mois	»	»	6	»	»	»	»	»	»	»	»	»	»	»	»	»	»
	»	Vacherie et basse-cour	»	»	»	»	»	3	5	»	»	24	»	»	»	»	»	»	»
	»	Jardin	»	»	»	»	»	»	»	»	»	»	»	»	»	»	»	9	»
Avril	7	Fabrication	41	»	»	»	»	»	»	»	»	»	»	»	»	»	»	»	»
	14	...idem	40	»	»	»	»	»	»	»	»	»	»	»	»	»	»	»	»
	»	Magasin	»	100	»	»	»	»	»	»	»	»	»	»	»	»	»	»	»
	21	Fabrication	40	»	»	»	»	»	»	»	»	»	»	»	»	»	»	»	»
	28	...idem	41	»	»	»	»	»	»	»	»	»	»	»	»	»	»	»	»
	30	Achats du mois	»	»	6	»	»	»	»	»	«	»	25	12	»	»	»	»	»
	»	Vacherie et basse-cour	»	»	»	»	»	4	5	»	»	48	»	»	»	»	»	»	»
	»	Jardin	»	»	»	»	»	»	»	»	»	»	»	»	»	»	»	10	»
		Totaux....	676	200	20	50	»	13	18	50	125	120	25	24	25	10	»	27	»
		Consommations en plus des prov. au 1er janvier	648	110	20	2	»	13	18	20	125	120	5	4	5	2	»	27	»
		Réste au 30 avril (*A rep.*)	28	90	»	48	»	»	»	30	»	»	20	20	20	8	»	»	»

CONSOMMATION DU MÉNAGE

DATES		ORIGINE des DENRÉES	PAIN	VIN	VIANDE	LARD	HUILE A MANG.	BEURRE	FROMAGE	HARICOTS	POM. DE TERRE	ŒUFS	SEL	VINAIGRE	HUILE A BRUL.	ÉPIC. DIVERSES		JARDINAGE	
			kilo	litre	kilo	kilo	kilo	kilo	kilo	kilo	kilo	nombre	kilo	litre	kilo	valeurs		valeurs	
		Report	28	90	»	48	»	»	»	30	»	»	20	20	20	8	»	»	»
1883-Mai	5	Fabrication	41	»	»	»	»	»	»	»	»	»	»	»	»	»	»	»	»
	6	Magasin	»	»	»	»	»	»	»	»	50	»	»	»	»	»	»	»	»
	12	Fabrication	42	»	»	»	»	»	»	»	»	»	»	»	»	»	»	»	»
	19	...idem	42	»	»	»	»	»	»	»	»	»	»	»	»	»	»	»	»
	26	...idem	41	»	»	»	»	»	»	»	»	»	»	»	»	»	»	»	»
	31	Achats du mois	»	»	6	»	20	»	»	»	»	»	»	»	»	»	»	»	»
	»	Vacherie et basse-cour	»	»	»	»	»	3	5	»	»	60	»	»	»	»	»	»	»
	»	Jardin	»	»	»	»	»	»	»	»	»	»	»	»	»	»	»	12	»
Juin	2	Fabrication	42	»	»	»	»	»	»	»	»	»	»	»	»	»	»	»	»
	»	Magasin	»	100	»	»	»	»	»	»	50	»	»	»	»	»	»	»	»
	9	Fabrication	42	»	»	»	»	»	»	»	»	»	»	»	»	»	»	»	»
	16	...idem	41	»	»	»	»	»	»	»	»	»	»	»	»	»	»	»	»
	23	...idem	42	»	»	»	»	»	»	»	»	»	»	»	»	»	»	»	»
	30	...idem	42	»	»	»	»	»	»	»	»	»	»	»	»	»	»	»	»
	»	Achats du mois	»	»	6	»	»	»	»	»	»	»	»	»	»	15	»	»	»
	»	Vacherie et basse-cour	»	»	»	»	»	3	5	»	»	80	»	»	»	»	»	»	»
	»	Jardin	»	»	»	»	»	»	»	»	»	»	»	»	»	»	»	10	»
Juillet	7	Fabrication	41	»	»	»	»	»	»	»	»	»	»	»	»	»	»	»	»
	»	Magasin	»	110	»	»	»	»	»	»	50	»	»	»	»	»	»	»	»
	13	Fabrication	41	»	»	»	»	»	»	»	»	»	»	»	»	»	»	»	»
	21	...idem	42	»	»	»	»	»	»	»	»	»	»	»	»	»	»	»	»
	28	...idem	42	»	»	»	»	»	»	»	»	»	»	»	»	»	»	»	»
	31	Achats du mois	»	»	6	»	»	»	»	»	»	»	»	»	»	»	»	»	»
	»	Vacherie et basse-cour	»	»	»	»	»	3	5	»	»	80	»	»	»	»	»	»	»
	»	Jardin	»	»	»	»	»	»	»	»	»	»	»	»	»	»	»	12	»
Août	4	Fabrication	42	»	»	»	»	»	»	»	»	»	»	»	»	»	»	»	»
	11	...idem	40	»	»	»	»	»	»	»	»	»	»	»	»	»	»	»	»
	12	Magasin	»	110	»	»	»	»	»	»	50	»	»	»	»	»	»	»	»
	18	Fabrication	41	»	»	»	»	»	»	»	»	»	»	»	»	»	»	»	»
	25	...idem	41	»	»	»	»	»	»	»	»	»	»	»	»	»	»	»	»
	31	Achats du mois	»	»	6	»	20	»	»	»	»	»	»	»	»	»	»	»	»
	»	Vacherie et basse-cour	»	»	»	»	»	3	5	»	»	80	»	»	»	»	»	»	»
	»	Jardin	»	»	»	»	»	»	»	»	»	»	»	»	»	»	»	6	»
Septembre	1er	Fabrication	40	»	»	»	»	»	»	»	»	»	»	»	»	»	»	»	»
	8	...idem	40	»	»	»	»	»	»	»	»	»	»	»	»	»	»	»	»
	15	...idem	41	»	»	»	»	»	»	»	»	»	»	»	»	»	»	»	»
	»	Magasin	»	100	»	»	»	»	»	»	50	»	»	»	»	»	»	»	»
	22	Fabrication	40	»	»	»	»	»	»	»	»	»	»	»	»	»	»	»	»
	29	...idem	40	»	»	»	»	»	»	»	»	»	»	»	»	»	»	»	»
	30	Achats du mois	»	»	4	»	»	»	»	»	»	»	»	»	»	»	»	»	»
	»	Vacherie et basse-cour	»	»	»	»	»	3	4	»	»	60	»	»	»	»	»	»	»
	»	Jardin	»	»	»	»	»	»	»	»	»	»	»	»	»	»	»	5	»
		Totaux	934	510	28	48	40	15	24	30	250	360	20	20	20	23	»	45	»
		Consommations	892	455	28	12	24	15	24	5	200	360	7	10	8	6	»	45	»
		Reste au 30 sept. (*A rep.*)	42	55	»	36	16	»	»	25	50	»	13	10	12	17	»	»	»

CONSOMMATION DU MÉNAGE

DATES		ORIGINE des DENRÉES	PAIN (kilo)	VIN (litre)	VIANDE (kilo)	LARD (kilo)	HUILE A MANG. (kilo)	BEURRE (kilo)	FROMAGE (kilo)	HARICOTS (kilo)	POM. DE TERRE (kilo)	ŒUFS (nombre)	SEL (kilo)	VINAIGRE (litre)	HUILE A BRUL. (kilo)	ÉPIC. DIVERSES (valeurs)		JARDINAGE (valeurs)	
		Report...	42	55	»	36	16	»	»	25	50	»	13	10	12	17	»	»	»
Octobre	6	Fabrication............	40	»	»	»	»	»	»	»	»	»	»	»	»	»	»	»	»
	13	...idem...............	40	»	»	»	»	»	»	»	»	»	»	»	»	»	»	»	»
	20	...idem...............	39	»	»	»	»	»	»	»	»	»	»	»	»	»	»	»	»
	27	...idem...............	41	»	»	»	»	»	»	»	»	»	»	»	»	»	»	»	»
	31	Achats du mois........	»	»	4	»	»	»	»	»	»	»	»	»	»	»	»	»	»
	»	Vacherie et basse-cour.	»	»	»	»	»	3	4	»	»	30	»	»	»	»	»	»	»
	»	Jardin................	»	»	»	»	»	»	»	»	»	»	»	»	»	»	»	6	»
Novembre	4	Fabrication............	41	»	»	»	»	»	»	»	»	»	»	»	»	»	»	»	»
	11	...idem...............	39	»	»	»	»	»	»	»	»	»	»	»	»	»	»	»	»
	12	Magasin...............	»	100	»	»	»	»	»	»	100	»	»	»	»	»	»	»	»
	18	Fabrication............	40	»	»	»	»	»	»	»	»	»	»	»	»	»	»	»	»
	25	...idem...............	40	»	»	»	»	»	»	»	»	»	»	»	»	»	»	»	»
	30	Achats du mois........	»	»	3	»	»	»	»	»	»	»	»	»	»	»	»	»	»
	»	Vacherie et basse-cour.	»	»	»	»	»	3	4	»	»	30	»	»	»	»	»	»	»
	»	Jardin................	»	»	»	»	»	»	»	»	»	»	»	»	»	»	»	5	»
Décembre	2	Fabrication............	41	»	»	»	»	»	»	»	»	»	»	»	»	»	»	»	»
	9	...idem...............	40	»	»	»	»	»	»	»	»	»	»	»	»	»	»	»	»
	16	...idem...............	39	»	»	»	»	»	»	»	»	»	»	»	»	»	»	»	»
	23	...idem...............	40	»	»	»	»	»	»	»	»	»	»	»	»	»	»	»	»
	30	...idem...............	40	»	»	»	»	»	»	»	»	»	»	»	»	»	»	»	»
	31	Achats du mois........	»	»	3	»	»	»	»	»	»	»	»	»	»	»	»	»	»
	»	Vacherie et basse-cour.	»	»	»	»	»	2	4	»	»	20	»	»	»	»	»	»	»
	»	Jardin................	»	»	»	»	»	»	»	»	»	»	»	»	»	»	»	4	»
		Totaux.....	562	155	10	36	16	8	12	25	150	80	13	10	12	17	»	15	»
		Consommations....	522	120	10	6	10	8	12	14	100	80	4	4	12	2	»	15	»
		Reste en mag. au 31 déc.	40	35	»	30	6	»	»	11	50	»	9	6	»	15	»	»	»

Nota. — Pour déterminer le montant de la consommation du ménage, il n'y a qu'à multiplier les quantités de denrées consommées par les prix qui s'y rapportent et qui se trouvent dans les livres où sont enregistrés l'achat, la production ou la fabrication de ces denrées : Livre de *Caisse*, livre des *Magasins* et *Grand-livre*.

LIVRE DE LA CONSOMMATION DES ANIMAUX

Pour apprécier d'une manière sérieuse la consommation des animaux entretenus dàns une ferme, il est indispensable de noter régulièrement la quantité de denrées employées à cet usage dans un espace de temps déterminé.

Toutes les espèces animales employées en agriculture ne sont pas nourries de la même manière, c'est-à-dire avec des denrées de même nature et de même valeur. Ainsi, on ne donne pas exactement les mêmes aliments aux vaches laitières et aux bœufs de travail; ces derniers ne reçoivent pas non plus la même alimentation que les chevaux. Conséquemment, si l'on veut savoir ce qu'ont coûté les produits de la vacherie et à combien revient le prix de la journée des attelages de bœufs ou de chevaux, il faut déterminer, séparément, la quantité de nourriture consommée par chacune de ces catégories de machines animées entretenues dans une ferme pour le service de l'exploitation.

Pour obtenir ce résultat, il est nécessaire d'inscrire sur un livre spécial toutes les substances employées à nourrir chacune de ces espèces animales, en ayant soin de bien en déterminer la quantité.

Sans inscrire jour par jour, ce qui ne serait guère possible, toutes les denrées consommées par les animaux de la ferme, on peut facilement se rendre compte des quantités qui ont été distribuées dans un temps donné.

Lorsque le fourrage est bien emmagasiné, il est facile de se rendre compte du poids d'un volume déterminé de cette nourriture. Il suffit pour cela de couper une portion du tas, suivant des dimensions bien déterminées, et de constater exactement le poids du volume de fourrage ainsi détaché de la masse totale. En opérant de cette manière, et en comptant le nombre de jours que les animaux mettent à consommer cette quantité de nourriture, on peut apprécier facilement l'importance de leur ration journalière et être fixé sur les dimensions des nouvelles tranches à couper, dans le même tas, pour les nourrir de la même façon pendant un nombre de jours déterminé.

Pour obtenir une exactitude aussi grande que possible, il est bon de renouveler de temps en temps cette détermination du poids d'un volume donné de fourrage, afin de pouvoir rectifier les chiffres primitifs s'il y a lieu.

La consommation des pailles peut être appréciée en suivant le même procédé que pour les fourrages, parce qu'elles sont entassées comme eux et parce qu'on peut également les découper en tranches d'un volume connu pour les peser.

Ce travail de détermination du poids des fourrages et des pailles consommées par les animaux d'une ferme peut être fait, pour ainsi dire sans frais, par les personnes qui les soignent. S'il est parfois utile de leur donner un coup de main, on peut le faire pendant les jours de chômage, c'est-à-dire sans qu'aucun autre service ne soit dérangé.

Dans les pays où le foin est bottelé, il est très-facile de se rendre compte de sa consommation, si les bottes sont faites d'une manière régulière.

Quand on fait consommer des racines, on peut en peser à l'avance une certaine quantité, ou bien se rendre compte du poids de cette nourriture contenue dans l'ustensile qui sert à la distribuer. Ces racines étant coupées avant de les donner aux animaux, elles sont transportées dans des corbeilles ou dans des brouettes qui servent de mesure pour en faire une distribution régulière, et qui peuvent également servir pour apprécier la quantité consommée.

Pour les autres aliments, tels que la farine, le son, les tourteaux et les grains, on connaît facilement la quantité que les bêtes en consomment, parce que ces aliments sont toujours pesés à l'avance et parce qu'ils sont distribués avec mesure et précaution.

Quelle que soit leur destination, les animaux composant le cheptel d'une ferme fournissent du fumier en quantité plus ou moins considérable et dont il est nécessaire de tenir compte, non-seulement à cause de sa grande utilité, mais encore parce qu'il constitue, dans beaucoup de circonstances, le motif essentiel de leur entretien.

Pour l'inscription de ce produit, nous avons ajouté une colonne spéciale au livre de la consommation du bétail, afin de ne pas faire un livre spécial pour cet objet. Chaque fois que les étables sont nettoyées, la quantité de fumier fabriqué, et dont l'évaluation se fait par le nombre de brouettes ou de civières chargées et pesées, est inscrite à sa place dans la colonne établie pour recevoir cette indication.

Il convient d'observer qu'il est bon de prendre quelques précautions pour faciliter l'inscription régulière du fumier produit, surtout lorsqu'on est dans l'usage de nettoyer les étables tous les jours ou tous les deux ou trois jours. Dans ce cas, il est utile d'avoir dans chaque étable une feuille ou une sorte d'ardoise portant les dates de tous les jours du mois, afin que chaque fois que le fumier est enlevé pour être porté au tas commun, la personne qui fait ce travail puisse noter facilement le nombre de brouettes ou de civières qu'elle a recueillies.

En opérant ainsi, on évite les omissions qui pourraient se produire, et, en totalisant les chiffres obtenus, on peut n'enregistrer que périodiquement la quantité de fumier fabriqué.

Enfin, pour que cette comptabilité de l'engrais de ferme soit bien faite, il faut encore que le poids des brouettes ou des civières remplies de fumier soit constaté par des pesées fréquentes, nécessaires pour obtenir un poids moyen exact pour chacun de ces instruments de transport.

CONSOMMATION DES ANIMAUX

ATTELAGES DE CHEVAUX

DATES		FOURRAGES SECS		FOURRAGES VERTS		PAILLES		GRAINS		CAROTTES				FUMIER
		FOIN	TRÈFLE			LITIÈRE	NOURRITURE	AVOINE						Produit
		kilo	kilo			kilo	kilo	litre		kilo				kilo
1883-Janvier	2	300	200	»	»	300	400	200	»	800	»	»	»	150
	22	300	200	»	»	200	400	200	»	600	»	»	»	2000
Février	15	800	500	»	»	500	400	200	»	600	»	»	»	1575
Mars	10	»	»	»	»	»	300	200	»	600	»	»	»	1500
	18	»	»	»	»	»	»	200	»	300	»	»	»	»
	25	»	»	»	»	»	»	200	»	»	»	»	»	»
Avril	2	»	»	»	»	»	»	200	»	»	»	»	»	»
	10	300	200	»	»	200	150	200	»	»	»	»	»	4800
	18	»	»	»	»	»	»	200	»	»	»	»	»	»
	30	»	»	»	»	»	»	200	»	»	»	»	»	2400
Totaux....		1700	1100	»	»	1200	1650	2000	»	2900	»	»	»	12425
Mai	1er	675	300	»	»	300	150	200	»	»	»	»	»	»
	10	»	»	»	»	»	»	200	»	»	»	»	»	»
	18	»	»	»	»	»	»	200	»	»	»	»	»	»
	26	»	»	»	»	»	»	200	»	»	»	»	»	»
Juin	4	500	500	»	»	500	»	200	»	»	»	»	»	2525
	12	»	»	»	»	»	»	200	»	»	»	»	»	»
	20	»	»	»	»	»	»	200	»	»	»	»	»	»
	28	»	»	»	»	»	»	200	»	»	»	»	»	»
Juillet	6	1500	»	»	»	400	»	200	»	»	»	»	»	»
	15	»	»	»	»	»	»	200	»	»	»	»	»	3350
	22	»	»	»	»	»	»	200	»	»	»	»	»	»
	30	»	»	»	»	»	»	200	»	»	»	»	»	»
Août	7	»	»	»	»	»	»	200	»	»	»	»	»	»
	15	»	»	»	»	»	»	200	»	»	»	»	»	»
	22	»	»	»	»	»	»	200	»	»	»	»	»	»
	30	»	»	»	»	»	»	200	»	»	»	»	»	»
Septembre	8	600	»	»	»	200	»	200	»	»	»	»	»	4450
	15	»	»	»	»	»	»	200	»	»	»	»	»	»
	22	»	»	»	»	»	»	200	»	»	»	»	»	»
	30	»	»	»	»	»	»	200	»	»	»	»	»	2300
Totaux....		3275	800	»	»	1400	150	4000	»	»	»	»	»	12625
Octobre	1er	700	»	»	»	200	200	200	»	»	»	»	»	»
	15	»	»	»	»	»	»	200	»	»	»	»	»	»
	22	»	»	»	»	»	»	200	»	»	»	»	»	»
	30	1000	»	»	»	300	»	200	»	»	»	»	»	3950
Novembre	8	»	»	»	»	»	»	200	»	300	»	»	»	»
A reporter..		1700	»	»	»	500	200	1000	»	300	»	»	»	3950

ATTELAGES DE CHEVAUX

DATES		FOURRAGES SECS		FOURRAGES VERTS		PAILLES		GRAINS		CAROTTES	BETTERAVES			FUMIER
		FOIN	TRÈFLE	VESCES		LI-TIÈRE	NOURRI-TURE	AVOINE						Produit
		kilo	kilo	kilo		kilo	kilo	kilo		kilo				kilo
Report..		1700	»	»	»	500	200	1000	»	300	»	»	»	3950
1883-Novembre	16	»	»	»	»	»	»	200	»	500	»	»	»	»
	26	»	»	»	»	»	250	200	»	500	»	»	»	»
Décembre	10	»	»	»	»	»	»	200	»	500	»	»	»	»
	20	250	»	»	»	200	100	200	»	600	»	»	»	3800
	31	»	»	»	»	»	»	200	»	»	»	»	»	825
Totaux...		1950	»	»	»	700	550	2000	»	2400	»	»	»	8575

RÉCAPITULATION

DATES		FOIN	TRÈFLE	VESCES		LITIÈRE	NOURRITURE	AVOINE		CAROTTES	BETTERAVES			FUMIER
Du 1er janvier au 30 avril.....		1700	1100	»	»	1200	1650	2000	»	2900	»	»	»	12425
Du 1er mai au 30 septembre.		3275	800	»	»	1400	150	4000	»	»	»	»	»	12625
Du 1er octobre au 31 décembre.		1950	»	»	»	700	550	2000	»	2400	»	»	»	8575
Totaux généraux		6925	1900	»	»	3300	2350	8000	»	5300	»	»	»	33625

ATTELAGES DE BŒUFS

DATES		FOIN	TRÈFLE	VESCES		LITIÈRE	NOURRITURE	AVOINE		CAROTTES	BETTERAVES			FUMIER
Janvier	2	»	400	»	»	150	150	»	»	»	1500	»	»	120
	10	»	400	»	»	150	125	»	»	»	1600	»	»	1280
	20	»	400	»	»	150	150	»	»	»	1600	»	»	1800
	31	»	600	»	»	250	125	»	»	»	1400	»	»	1950
Février	15	500	500	»	»	300	150	»	»	»	1500	»	»	2300
Mars	10	600	350	»	»	250	200	»	»	»	1500	»	»	4000
Avril	2	1000	500	»	»	350	250	»	»	»	»	»	»	3550
	30	»	»	»	»	»	»	»	»	»	»	»	»	3500
Totaux...		2100	3150	»	»	1600	1150	»	»	»	9100	»	»	18500
Mai	1er	900	500	»	»	400	150	»	»	»	»	»	»	»
Juin	4	400	»	4000	»	450	»	»	»	»	»	»	»	3750
Juillet	6	900	»	2800	»	400	»	»	»	»	»	»	»	4000
Août	7	1600	»	»	»	450	»	»	»	»	»	»	»	3620
Septembre	8	1300	»	»	»	300	»	»	»	»	»	»	»	3450
	30	»	»	»	»	»	»	»	»	»	»	»	»	3800
Totaux...		5100	500	6800	»	2000	150	»	»	»	»	»	»	18620
Octobre	1er	1300	»	»	»	550	»	»	»	»	»	»	»	»
A reporter...		1300	»	»	»	550	»	»	»	»	»	»	»	»

ATTELAGES DE BŒUFS

DATES		FOURRAGES SECS		FOURRAGES VERTS		PAILLES		GRAINS		BETTERAVES				FUMIER
		FOIN	TRÈFLE	VESCES		LI-TIÈRE	NOURRI-TURE							Produit
		kilo	kilo	kilo		kilo	kilo			kilo				kilo
Report....		1300	»	»	»	550	»	»	»	»	»	»	»	»
Novembre	2	500	»	»	»	500	200	»	»	2500	»	»	»	4900
Décembre	8	500	»	»	»	500	200	»	»	2500	»	»	»	4750
	31	»	»	»	»	»	»	»	»	»	»	»	»	4700
Totaux....		2300	»	»	»	1550	400	»	»	5000	»	»	»	14350
RÉCAPITULATION														
Du 1er janvier au 30 avril.....		2100	3150	»	»	1600	1150	»	»	9100	»	»	»	18500
Du 1er mai au 30 septembre		5100	500	6800	»	2000	150	»	»	»	»	»	»	18620
Du 1er octobre 31 décembre.		2300	»	»	»	1550	400	»	»	5000	»	»	»	14350
Totaux généraux		9500	3650	6800	»	5150	1700	»	»	14100	»	»	»	51470

VACHERIE

DATES		FOIN	TRÈFLE	VESCES		LI-TIÈRE	NOURRI-TURE	GRAINS		BETTERAVES				FUMIER
1883-Janvier	2	»	1200	»	»	800	»	»	»	»	»	»	«	575
	10	500	600	»	»	800	»	»	»	2500	»	»	»	5275
	20	500	900	»	»	950	»	»	»	9000	»	»	»	5300
	31	800	750	»	»	1200	»	»	»	10100	»	»	»	5350
Février	15	2500	»	»	»	1650	»	»	»	10200	»	»	»	7500
Mars	10	3000	»	»	»	1450	»	»	»	11000	»	»	»	12875
Avril	2	4200	»	»	»	1800	»	»	»	8100	»	»	»	11450
	30	»	»	»	»	»	»	»	»	»	»	»	»	15250
Totaux....		11500	3450	»	»	8650	»	»	»	50900	»	»	»	63575
Mai	1er	4000	»	»	»	1850	»	»	»	»	»	»	»	»
Juin	4	»	»	19600	»	1200	»	»	»	»	»	»	»	16500
	22	1160	1000	20500	»	1000	»	»	»	»	»	»	»	9550
Juillet	6	4300	»	»	»	1900	»	»	»	»	»	»	»	9125
Août	7	4500	»	»	»	1750	»	»	»	»	»	»	»	16275
Septembre	8	1000	2800	»	»	1850	»	»	»	»	»	»	»	16050
	30	»	»	»	»	»	»	»	»	»	»	»	»	14000
Totaux....		14960	3800	40100	»	9550	»	»	»	»	»	»	»	81500
Octobre	1er	1200	1850	»	»	3000	»	»	»	18200	»	»	»	»
A reporter...		1200	1850	»	»	3000	»	»	»	18200	»	»	»	»

VACHERIE

DATES		FOURRAGES SECS		FOURRAGES VERTS		PAILLES				BETTERAVES	NAVETS			FUMIER
		FOIN	TRÈFLE	VESCES		LI-TIÈRE								Produit
		kilo	kilo	kilo		kilo				kilo	kilo			kilo
Report...		1200	1850	»	»	3000	»	»	»	18200	»	»	»	»
1883-Novembre	8	1100	1350	»	»	3200	»	»	»	10500	10000	»	»	16025
Décembre	8	1200	1075	»	»	2600	»	»	»	11300	10000	»	»	16850
	31	»	»	»	»	»	»	»	»	»	»	»	»	13450
Totaux...		3500	4275	»	»	8800	»	»	»	40000	20000	»	»	46325
RÉCAPITULATION														
Du 1er janvier au 30 avril.....		11500	3450	»	»	8650	»	»	»	50900	»	»	»	63575
Du 1er mai au 30 septembre.		14960	3800	40100	»	9550	»	»	»	»	»	»	»	81500
Du 1.r octobre au 31 décembre.		3500	4275	»	»	8800	»	»	»	40000	20000	»	»	46325
Totaux généraux		29960	11525	40100	»	27000	»	»	»	90900	20000	»	»	191400

PORCHERIE

DATES				FOURRAGES VERTS		PAILLES				FARINE	SON	CAROTTES		FUMIER
				VESCES		LI-TIÈRE								Produit
				kilo		kilo				kilo	kilo	kilo		kilo
Janvier	2	»	»	»	»	500	»	»	»	8	12	400	»	»
	15	»	»	»	»	»	»	»	»	70	100	»	»	1550
Février	1er	»	»	»	»	550	»	»	»	75	105	»	»	1520
	15	»	»	»	»	»	»	»	»	120	95	600	»	1480
Mars	10	»	»	»	»	500	»	»	»	150	200	»	»	1800
Avril	2	»	»	»	»	500	»	»	»	175	250	500	»	1775
	30	»	»	»	»	»	»	»	»	»	»	»	»	1750
Totaux...		»	»	»	»	2050	»	»	»	598	762	1500	»	9875
Mai	1er	»	»	»	»	450	»	»	»	125	200	»	»	»
Juin	4	»	»	1500	»	400	»	»	»	130	220	»	»	2550
Juillet	6	»	»	2000	»	450	»	»	»	130	225	»	»	2575
A reporter...		»	»	3500	»	1300	»	»	»	385	645	»	»	5125

PORCHERIE

DATES				FOURRAGES VERTS		PAILLES				FARINE	SON	CAROTTES		FUMIER
				VESCES		LI-TIÈRE								Produit
				kilo		kilo				kilo	kilo	kilo		kilo
Report...		»	»	3500	»	1300	»	»	»	385	645	»	»	5125
Août	7	»	»	»	»	500	»	»	»	180	275	»	»	2550
Septembre	8	»	»	»	»	500	»	»	»	175	300	»	»	2650
	30	»	»	»	»	»	»	»	»	»	»	»	»	2200
Totaux...		»	»	3500	»	2300	»	»	»	740	1220	»	»	12525
Octobre	1er	»	»	»	»	550	»	»	»	120	200	»	»	»
Novembre	8	»	»	»	»	575	»	»	»	125	238	»	»	2800
Décembre	8	»	»	»	»	425	»	»	»	100	180	»	»	2750
	31	»	»	»	»	»	»	»	»	»	»	»	»	2350
Totaux...		»	»	»	»	1550	»	»	»	345	618	»	»	7900

RÉCAPITULATION

				FOURRAGES VERTS		PAILLES				FARINE	SON	CAROTTES		FUMIER
Du 1er janvier au au 30 avril....		»	»	»	»	2050	»	»	»	598	762	»	»	9875
Du 1er mai au 30 septembre..		»	»	3500	»	2300	»	»	»	740	1220	»	»	12525
Du 1er octobre au 31 décembre		»	»	»	»	1550	»	»	»	345	618	»	»	7900
Totaux généraux.		»	»	3500	»	5900	»	»	»	1683	2600	»	»	30300

BERGERIE

DATES		FOURRAGES SECS		FOURRAGES VERTS		PAILLES				CAROTTES				FUMIER
		FOIN				LI-TIÈRE								Produit
		kilo				kilo				kilo				kilo
1883-Janvier	2	100	»	»	»	300	»	»	»	500	»	»	»	»
	15	975	»	»	»	»	»	»	»	1690	»	»	»	»
Février	1er	900	»	»	»	250	»	»	»	1900	»	»	»	»
	15	850	»	»	»	»	»	»	»	1800	»	»	»	»
Mars	10	950	»	»	»	250	»	»	»	1350	»	»	»	»
	25	vente du troupeau		»		»	»	»	»	»	»	»	»	10500
Totaux...		3775	»	»	»	800	»	»	»	7240	»	»	»	10500

LIVRE DE LA VACHERIE ET DE LA LAITERIE

La production du lait est une spéculation très-souvent admise par les agriculteurs ayant des fourrages à faire consommer en plus de la quantité qui leur est nécessaire pour l'entretien de leurs animaux de travail. Dans beaucoup de circonstances, les vaches laitières sont aussi employées pour utiliser des pâturages fournissant une herbe plus ou moins abondante, mais qui, en général, ne pourrait être fauchée.

Quel que soit le motif qui fait choisir ces animaux pour utiliser de la nourriture produite par les cultures fourragères ou par les pâturages, il est nécessaire de se rendre compte des dépenses que leur entretien occasionne et des produits qu'on en retire. Ce n'est que par ce moyen qu'il est possible d'apprécier le service de ces agents de transformation des fourrages et de mesurer le résultat obtenu par cette opération.

Le modèle de journal spécial que nous avons adopté à cet effet fournit la possibilité de recueillir tous les éléments indispensables à l'appréciation des résultats obtenus par l'entretien d'une vacherie, en faisant la part de chacun des animaux qui la composent.

Il serait superflu d'insister sur la manière de tenir ce livre spécial à l'entretien des vaches laitières et à l'utilisation des produits qu'elles fournissent; sa réglure et les indications qui s'y trouvent suffisent pour faire comprendre son mécanisme et l'utilité des renseignements qu'il sert à enregistrer. Sa tenue est d'une simplicité assez complète pour qu'il suffise à un vacher de savoir à peine lire et écrire pour noter lui-même tous les faits comptables que ce livre est destiné à recueillir.

Le produit en lait d'une vacherie se détermine par la mesure de la quantité qui est fournie par chaque bête, en se servant de seaux gradués pour recevoir le lait après qu'il est tiré. Il est important que le vacher note exactement le lait produit par chaque vache, parce que cela permet d'apprécier la valeur individuelle des animaux qui composent le troupeau.

Lorsque l'élevage des veaux se fait au baquet, il est facile de déterminer la quantité de lait qu'ils consomment et de l'inscrire sur le livre de la vacherie. Ce renseignement ne doit pas être négligé, parce qu'il permet de savoir à quel prix ces jeunes animaux payent le lait qu'ils consomment. Mais, au point de vue comptable, la connaissance du nombre de litres de lait que les veaux ont absorbé n'a pas d'utilité directe, attendu que c'est uniquement la vente de ces veaux qui fournit la rémunération de l'emploi de ce produit, quelle que soit son importance.

PRODUCTION DU

DATES	MARTY		JULIETTE		PIERRETTE		OCTAVIE		BERLINE		CONSOLE		FINETTE		CADETTE	
	litre		litre		litre		litre		litre		litre		litre		litre	
1883-Janvier 1	»	»	20	»	18	»	7	»	6	»	4	»	3	»	2	»
2	»	»	20	»	18	»	7	»	6	»	3	50	3	»	2	»
3	»	»	21	»	18	50	7	»	6	»	3	50	3	»	2	»
4	»	»	20	50	17	50	7	»	6	»	3	»	3	»	1	»
5	»	»	20	50	18	»	7	»	6	»	3	»	2	»	1	»
6	»	»	20	»	18	»	7	»	6	»	3	»	2	»	1	»
7	»	»	20	»	18	»	7	»	6	»	3	»	2	»	tarie	»
8	»	»	21	»	18	».	7	»	6	»	2	»	1	»	»	»
9	»	»	21	»	18	»	7	»	6	»	1	»	1	»	»	»
10	»	»	20	50	18	»	7	»	6	»	1	»	tarie	»	»	»
11	»	»	20	50	18	»	7	»	6	»	1	»	»	»	»	»
12	vélage	»	20	»	18	»	7	»	6	»	tarie	»	»	»	»	»
13	»	»	20	»	18	»	7	»	6	»	»	»	»	»	»	»
14	»	»	20	»	18	»	7	»	6	»	»	»	»	»	»	»
15	»	»	20	50	18	»	7	»	6	»	»	»	»	»	»	»
16	»	»	20	50	18	»	6	»	6	»	»	»	»	»	»	»
17	»	»	20	»	18	»	6	50	6	»	»	»	»	»	»	»
18	15	»	20	»	17	»	6	»	6	»	»	»	»	»	»	»
19	15	»	20	»	17	»	5	»	6	»	»	»	»	»	»	»
20	15	»	21	»	17	»	4	50	6	»	»	»	»	»	»	»
21	18	»	20	»	17	»	5	»	6	»	»	»	»	»	»	»
22	18	50	20	»	16	»	5	50	5	»	»	»	»	»	»	»
23	19	50	20	»	15	»	5	50	5	»	»	»	»	»	»	»
24	20	50	20	»	16	»	6	»	5	»	»	»	»	»	»	»
25	21	50	19	»	15	»	5	»	4	»	»	»	»	»	»	»
26	22	50	19	»	15	»	5	»	4	»	»	»	»	»	»	»
27	22	50	19	»	15	»	6	»	4	»	»	»	»	»	»	»
28	22	»	19	»	15	»	5	»	4	»	»	»	»	»	»	»
29	22	»	19	»	15	»	5	»	4	»	»	»	»	»	»	»
30	22	»	19	»	15	»	5	»	4	»	»	»	»	»	»	»
31	22	»	19	»	15	»	4	»	4	»	»	»	»	»	»	»
Totaux...	276	»	620	»	526	»	190	»	168	»	28	»	20	»	9	»

LAIT						UTILISATION DU LAIT															
						TOTAL GÉNÉRAL		CONSOMMATION				FABRICATIONS								VENTE de LAIT	
								VEAUX		MÉNAGE		BEURRE				FROMAGE					
SIMONE		TULIPE										Lait employé		Beurre obtenu		Lait employé		Fromage obtenu			
litre		litre				litre		litre		litre		litre		kilo		litre		kilo		litre	
»	»	2	»	»	»	62	»	»	»	»	»	46	»	2	»	16	»	8	»	»	»
»	»	3	»	»	»	62	50	»	»	»	»	»	»	»	»	62	50			»	»
»	»	2	»	»	»	63	»	»	»	»	»	»	»	»	»	63	»	6	100	»	»
»	»	2	»	»	»	60	»	»	»	»	»	»	»	»	»	60	»	6	»	»	»
»	»	tarie	»	»	»	57	50	»	»	»	»	46	»	2	»	11	50	1	»	»	»
»	»	»	»	»	»	57	»	»	»	»	»	»	»	»	»	57	»	5	500	»	»
»	»	»	»	»	»	56	»	»	»	»	»	»	»	»	»	56	»	5	500	»	»
»	»	»	»	»	»	55	»	»	»	»	»	»	»	»	»	55	»	5	500	»	»
»	»	»	»	»	»	54	»	»	»	»	»	»	»	»	»	54	»	5	400	»	»
»	»	»	»	»	»	52	50	»	»	»	»	»	»	»	»	52	50	5	»	»	»
»	»	»	»	»	»	52	50	»	»	»	»	47	»	2	»	5	50	5	500	»	»
»	»	»	»	»	»	51	»	»	»	»	»	»	»	»	»	51	»			»	»
»	»	»	»	»	»	51	»	»	»	»	»	»	»	»	»	51	»	5	»	»	»
»	»	»	»	»	»	51	»	»	»	»	»	»	»	»	»	51	»	5	»	»	»
»	»	»	»	»	»	51	50	»	»	»	»	»	»	»	»	51	50	5	200	»	»
»	»	»	»	»	»	50	50	»	»	»	»	46	»	2	»	4	50	5	300	»	»
»	»	»	»	»	»	50	50	»	»	»	»	»	»	»	»	50	50			»	»
»	»	»	»	»	»	64	»	6	»	»	»	»	»	»	»	58	»	5	500	»	»
»	»	»	»	»	»	63	»	6	»	»	»	»	»	»	»	57	»	5	500	»	»
»	»	»	»	»	»	63	50	6	»	»	»	»	»	»	»	57	50	6	»	»	»
»	»	»	»	»	»	66	»	6	»	»	»	46	»	2	»	14	»	1	500	»	»
»	»	»	»	»	»	65	»	6	»	»	»	»	»	»	»	59	»	6	»	»	»
»	»	»	»	»	»	65	»	6	»	»	»	»	»	»	»	59	»	6	»	»	»
»	»	»	»	»	»	66	50	6	»	»	»	»	»	»	»	60	50	6	»	»	»
»	»	»	»	»	»	64	50	6	»	»	»	»	»	»	»	58	50	6	»	»	»
»	»	»	»	»	»	65	50	6	»	»	»	46	»	2	»	13	50	1	»	»	»
»	»	»	»	»	»	66	50	6	»	»	»	»	»	»	»	60	50	5	500	»	»
»	»	»	»	»	»	65	»	6	»	»	»	»	»	»	»	59	»	6	»	»	»
»	»	»	»	»	»	65	»	6	»	»	»	»	»	»	»	59	»	5	500	»	»
»	»	»	»	»	»	65	»	6	»	»	»	»	»	»	»	59	»	6	»	»	»
»	»	»	»	»	»	64	»	6	»	»	»	»	»	»	»	58	»	5	500	»	»
»	»	9	»	»	»	1846	»	84	»	»	»	277	»	12	»	1485	»	146	»	»	»

Nous ne croyons pas qu'il soit nécessaire d'établir pour toute l'année le livre de la vacherie et de la laiterie, pour en faire comprendre le mécanisme et l'utilité. L'exemple que nous en donnons à la page précédente nous paraît suffisant, par la raison qu'on opérerait tout à fait de même pour tous les autres·

PRODUCTION DU

DATES	MARTY		JULIETTE		PIERRETTE		OCTAVIE		BERLINE		CONSOLE		FINETTE		CADETTE	
	litre		litre		litre		litre		litre		litre		litre		litre	
1883-Janvier	276	»	620	»	526	»	190	»	168	»	28	»	20	»	9	»
Février	640	»	590	»	425	»	190	»	165	»	»	»	»	»	»	»
Mars	558	»	480	»	305	»	189	»	130	»	»	»	»	»	»	»
Avril	410	»	320	»	225	»	210	»	94	»	»	»	»	»	»	»
Totaux...	1884	»	2010	»	1481	»	779	»	557	»	28	»	20	»	9	»
Mai	315	»	205	»	160	»	125	»	38	»	»	»	320	»	»	»
Juin	218	»	198	»	118	»	68	»	»	»	24	»	550	»	»	»
Juillet	190	»	110	»	60	»	»	»	»	»	460	»	520	»	375	»
Août	115	»	»	»	»	»	»	»	»	»	420	»	480	»	476	»
Septembre	»	»	»	»	»	»	»	»	64	»	350	»	395	»	420	»
Totaux...	838	»	513	»	338	»	193	»	102	»	1254	»	2265	»	1273	»
Octobre	»	»	»	»	220	»	95	»	520	»	210	»	320	»	372	»
Novembre	70	»	230	»	560	»	540	»	490	»	198	»	270	»	246	»
Décembre	620	»	640	»	425	»	480	»	350	»	125	»	218	»	138	»
Totaux...	690	»	870	»	1205	»	1115	»	1360	»	533	»	808	»	756	»
RÉCAPITULATION																
au 30 avril......	1884	»	2010	»	1481	»	779	»	557	»	28	»	20	»	9	»
au 30 septembre.	838	»	513	»	338	»	193	»	102	»	1254	»	2265	»	1273	»
au 31 décembre..	690	»	870	»	1205	»	1115	»	1360	»	533	»	808	»	756	»
Totaux généraux.	3412	»	3393	»	3024	»	2087	»	2019	»	1815	»	3093	»	2038	»

mois de l'année avec les chiffres représentant, les uns le lait produit, les autres son utilisation.

Le tableau ci-après indique les totaux qui seraient fournis par la constatation détaillée des produits de la vacherie, du 1er janvier au 31 décembre.

| LAIT | | | | | | | | UTILISATION DU LAIT | | | | | | | | | | | | | |
| SIMONE | | TULIPE | | | | TOTAL GÉNÉRAL | | VEAUX | | MÉNAGE | | BEURRE — Lait employé | | BEURRE — Beurre obtenu | | FROMAGE — Lait employé | | FROMAGE — Fromage obtenu | | VENTE de LAIT | |
litre		litre				litre		litre		litre		litre		kilo		litre		kilo		litre	
»	»	9	»	»	»	1846	»	84	»	»	»	277	»	12	»	1485	»	146	»	»	»
556	»	»	»	»	»	2556	»	316	»	»	»	137	»	6	»	2103	»	210	»	»	»
482	»	»	»	»	»	2154	»	248	»	»	»	136	»	6	»	1770	»	176	500	»	»
412	»	350	»	»	»	2021	»	240	»	»	»	159	»	7	»	1622	»	161	500	»	»
1450	»	359	»	»	»	8577	»	888	»	»	»	709	»	31	»	6980	»	694	»	»	»
350	»	406	»	»	»	1919	»	248	»	»	»	133	»	6	»	1538	»	153	500	»	»
310	»	392	»	»	»	1878	»	240	»	»	»	134	»	6	»	1504	»	150	»	»	»
284	»	324	»	»	»	2323	»	248	»	»	»	139	»	6	»	1936	»	193	500	»	»
176	»	278	»	»	»	1947	»	496	»	»	»	135	»	6	»	1316	»	131	500	»	»
128	»	242	»	»	»	1599	»	480	»	»	»	132	»	6	»	987	»	98	500	»	»
1248	»	1642	»	»	»	9666	»	1712	»	»	»	673	»	30	»	7281	»	727	»	»	»
»	»	197	»	»	»	1934	»	434	»	»	»	92	»	4	»	1408	»	140	500	»	»
»	»	120	»	»	»	2724	»	420	»	»	»	92	»	4	»	2212	»	221	»	»	»
»	»	»	»	»	»	2996	»	496	»	»	»	92	»	4	»	2408	»	240	500	»	»
»	»	317	»	»	»	7654	»	1350	»	»	»	276	»	12	»	6028	»	602	»	»	»
1450	»	359	»	»	»	8577	»	888	»	»	»	709	»	31	»	6980	»	694	»	»	»
1248	»	1642	»	»	»	9666	»	1712	»	»	»	673	»	30	»	7281	»	727	»	»	»
»	»	317	»	»	»	7654	»	1350	»	»	»	276	»	12	»	6028	»	602	»	»	»
2698	»	2318	»	»	»	25897	»	3950	»	»	»	1658	»	73	»	20289	»	2023	»	»	»

INVENTAIRE DE SORTIE

Nous l'avons déjà dit, ce n'est que la première année d'une comptabilité agricole qu'il est nécessaire d'établir deux inventaires, parce que, dans la suite, l'inventaire de l'année qui commence n'est autre chose que celui de l'année qui finit. Si nous les faisons figurer tous les deux dans notre travail, cela tient à ce que nous ne pouvons connaître le total des valeurs existant au 1er janvier et au 31 décembre qu'en les inventoriant à chacune de ces deux dates.

Dans le cas où notre comptabilité se continuerait pour l'année suivante, nous n'aurions qu'à prendre les résultats de l'inventaire de sortie pour point de départ des opérations nouvelles.

INVENTAIRE GÉNÉRAL

DES VALEURS EXISTANT AU 31 DÉCEMBRE

ACTIF

IMMEUBLES (mémoire)

(Voir à l'article Inventaire ce que nous avons dit sur cette catégorie de valeurs)

CAPITAL D'EXPLOITATION

MATÉRIEL

Instruments divers attelés :

2 charrettes.....................à fr 250 l'une	500	»	
2 tombereaux...................... » 125 »	250	»	
1 charriot.......................................	300	»	
5 charrues......... .... » 40 »	200	»	
2 herses............................ » 25 »	50	»	
1 rouleau..	40	»	
1 houe à cheval.................................	40	»	
1 extirpateur....................................	60	»	
1 faucheuse.....................................	500	»	
1 batteuse à manége.............................	800	»	
Total.......		2.740	»

Outils divers :
A détailler : Pioches, pelles, bêches, houes, râteaux, faulx, etc., etc........................Ensemble | » | » | 525 | »

Matériel des magasins :
A détailler : Instruments de pesage et de mesurage, sacs, pelles, fourches, cornues, comportes et divers. | » | » | 2.327 | »

Matériel du ménage :
A détailler : Meubles et ustensiles de cuisine, lingerie, literie et divers.................................... | » | » | 850 | »

Matériel de la bouverie :

3 jougs doubles........................à fr. 5 l'un	15	»	
4 couvertures........................... » 5 »	20	»	
Étrilles, cardes, seaux et divers...................	30	»	
Total.....		65	»

Matériel de l'écurie :
3 harnais de charrette...............à fr. 50 l'un | 150 | » |

A reporter...	150	»	6.507	»

Désignation	fr.	c.	fr.	c.	fr.	c.
Report.....			150	»	6.507	
Matériel de l'écurie (*Suite*) :						
3 harnais de labour.....................à fr. 40 l'un			120	»		
1 id. de charriot................................			100	»		
2 étrilles.....................à fr. 0,50 cent. l'une			1	»		
5 brosses...................... » 0,40 »			2	»		
3 couvertures................. » 5 »			15	»		
Longes, licols, fourches, seaux et divers..........			50	»		
Total.....					438	»
Matériel de la vacherie :						
A détailler : Seaux gradués, seaux ordinaires, baratte, couvertures, pelles, étrilles et divers..............	»	»			150	»
Matériel de la bergerie :						
A détailler : Râteliers, seaux, baquets et divers.....	»	»			80	»
Matériel de la porcherie :						
2 auges mobiles.................... à fr. 20 l'une			40	»		
Seaux, baquets et divers.........................			20	»		
Total.....					60	»
Matériel de la basse-cour :						
A détailler: Cages, baquets et divers..............					15	»
Montant du matériel.....			....	...	7.250	»

BÉTAIL

Désignation	fr.	c.	fr.	c.	fr.	c.
Attelages de bœufs :						
4 animaux de 7 ans,.......à fr. 600 l'un	»	»	2.400	»		
Attelages de chevaux :						
2 chevaux de 9 ans........à fr. 850 l'un	1.700	»				
1 jument de 11 ans.....	750	»				
Total.....			2.450	»		
Vacherie :						
6 vaches................. à fr. 600 l'une	3.600	»				
4 id................... » 500 »	2.000	»				
1 taureau..........................	700	»				
2 génisses............. ... » 400 »	800	»				
2 veaux................... » 100 »	200	»				
Total.....			7.300	»		
Porcherie :						
4 truies.................à fr. 150 l'une	600	»				
1 verrat...........................	200	»				
9 porcelets............... » 40 »	360	»				
Total.....			1.160	»		
Basse-cour :						
25 poulets et poules......... à fr. 2 l'un	50	»				
10 canards................. » 1,50 »	15	»				
40 pigeons................. » 1 »	40	»				
Total.....			105	»		
Montant du bétail.....			......	...	13.415	»
A reporter.....					20.665	»

	Report.....			20.665	»

Caisse :

Somme conforme au solde du compte *Caisse*....... | » | » | 5.134 | 84

Débiteurs divers :

Louis, pour achat de vin en 1882................. | » | » | 1.100 | »

MAGASINS

Denrées échangeables :

185 hectolitres de blé.......à fr. 20 l'un	3.700	»			
160 id. d'avoine...... » 10 »	1.600	»			
16300 kilogrammes de paille. » 2,50 °/₀	407	50			
14840 id. de foin.... » 6 » °/₀	890	40			
22925 id. de trèfle... » 6 » °/₀	1.375	50			
29650 id. de pom. de terre » 6 » °/₀	1.779	»			
18780 litres de vin.......... » 20 » °/₀	3.756	»			
1040 fagots de sarments.... » 6 » °/₀	62	40			
80 id. de chêne....... » 15 » °/₀	12	»			
45 kil. de farine de froment, restant de la fabric. du pain... » 28,75 °/₀	12	93			
Total.....			13.595	73	

Denrées de ménage :

40 kilog. de pain.......... à fr. 30,37 °/₀	12	14			
35 litres de vin........... » 20 °/₀	7	»			
30 kilog. de lard......... » 1,75 l'un	52	50			
6 id. d'huile.... ..... » 1,50 »	9	»			
11 id. de haricots...... » 0,40 »	4	40			
50 id. de pommes de terre » 6 °/₀	3	»			
9 id. de sel.......... » 0,20 l'un	1	80			
6 litres de vinaigre....... » 0,25 »	1	50			
Épiceries diverses...................	15	»			
Total.....			106	34	

Denrées de transformation :

65375 kilog. de betteraves, à fr. 11,80 °°/₀₀	771	42			
35905 id. de carottes.. » 16 °°/₀₀	574	48			
40000 id. de navets.... » 9,82 °°/₀₀	392	80			
172420 id. de fumier {au prix moyen de production} soit 8,21 °°/₀₀	1.415	56			
Total.....			3.154	26	
Montant des denrées en magasin....	»	»	16.856	33	

AVANCES POUR CULTURES ULTÉRIEURES

Engrais en terre :

30000 kilog. de fumier employé en automne 1883, pour culture du blé en 1884, au *prix moyen de production*........soit à fr. 8,21 °°/₀₀	»	»	246	30

Emblavures :

Culture du blé en 1884.................	1.180	41			
— de l'avoine id.................	211	32			
— du trèfle id.................	195	75			
Total.....			1.587	48	
A reporter.....	1.833	78	43.756	17	

	Report.....				1.833	78	43.756	17
Travaux :								
Lab. pour culture de la betterave en 1884	270	36						
.........idem........carotte.....id...	117	27						
Total.....					387	63		
Chaulage :								
Montant des 7/8 de la valeur de la chaux et des travaux de chaulage.............	»	»	505	47				

Montant des avances pour cultures ultérieures...... | 2.726 | 88

Total de l'Actif...... | 46.483 | 05

PASSIF

Créanciers divers :

Charron...	125	»
Maréchal...	80	»
Victor (Batteuse achetée, payable au 1er avril 1884)...	800	»
		»
Total du Passif.....	1.005	»

RÉCAPITULATION

Montant de l'Actif............ | 46.483 | 05
Montant du Passif............ | 1.005 | »

Capital net ou excédant de l'Actif sur le Passif............ | 45.478 | 05

INDICATIONS PARTICULIÈRES POUR LE TRAVAIL
DES ÉCRITURES

Dans l'industrie agricole, il y a un certain nombre de denrées qui sont produites dans la ferme pour les besoins de ses divers services et qui ne pourraient pas être facilement utilisées au dehors : tels sont les produits de certaines cultures fourragères et ceux de la plupart des plantes sarclées.

Pour inscrire la dépense occasionnée par la consommation de ces produits, on est dans la nécessité de connaître préalablement la somme des frais occasionnés par les cultures d'où ils proviennent.

On a besoin, par exemple, de savoir ce qu'a coûté une culture de vesces, pour déterminer le prix auquel les animaux doivent payer le fourrage qu'elle a fourni. Dans cette circonstance, il est indispensable de connaître non-seulement les sommes qui ont été dépensées en semence et en travaux d'ouvriers, mais encore celles qui représentent le travail des attelages au moment où la récolte va s'effectuer. Si on voulait ne déterminer les frais d'attelages qu'après que la récolte serait consommée, on serait souvent fort embarrassé pour faire cette opération de comptabilité : c'est ce qui arriverait lorsqu'on aurait fait manger une partie de cette récolte aux animaux qui auraient servi à la transporter.

Pour éviter cette difficulté, il faut déterminer la dépense de cette culture de vesces depuis la semaille jusqu'au moment où la récolte va commencer. En opérant ainsi, on n'a qu'à employer des chiffres connus, résultant des écritures comptables faites depuis le premier janvier ; et, si c'est au premier mai, je suppose, que cette opération doit être faite, il n'y a qu'à prendre dans les journaux spéciaux les chiffres qui doivent servir à trouver le prix de revient de la journée de travail des attelages pendant les quatre mois écoulés. Ce prix de revient peut, sans erreur appréciable, être appliqué aux travaux de la récolte qui va se faire après le premier mai.

Lorsque les animaux qui ont servi à transporter la récolte d'un fourrage vert n'ont pris aucune part à la consommation de ce fourrage, on n'a aucunement besoin d'appliquer aux travaux exécutés à ce moment le prix de revient des journées de travail des premiers mois de l'année; on se sert, dans ce cas, du prix de revient de la journée des attelages, déterminé au 30 avril, je suppose, et de celui qui sera déterminé ultérieurement, au 30 septembre, par exemple,

Dans le but de faciliter la détermination du prix de revient du travail des attelages et des gagistes aux diverses époques de l'année, nous conseillons de dépouiller les journaux spéciaux deux, trois ou quatre fois l'an, et de reporter au Grand-Livre les indications qu'ils contiennent, afin d'avoir facilement tous les chiffres dont on peut avoir besoin pour apprécier un certain nombre de faits utiles à connaître avant la fin de l'année. On peut même dire que ce travail est indispensable pour vérifier, en temps utile, un certain nombre d'opérations de la ferme, et que, en le faisant, on abrége considérablement la régularisation des écritures à l'époque où tous les comptes doivent être clôturés.

Dans notre spécimen de comptabilité agricole, nous l'avons fait au 30 avril et au 30 septembre, pour déterminer, dans le premier cas, le prix de revient du fourrage vert consommé en été, et, dans le second cas, celui des plantes racines consommées dans les derniers mois de l'année.

Quand on fait le travail de détermination des prix de revient, les sommes fractionnaires qui résultent des calculs faits pour obtenir ces prix doivent être portées au compte des *Frais généraux.*

Lorsqu'on a, je suppose, une somme de 794 fr. 40 représentant une dépense de ménage pour 605 journées de travail de gagistes, le *prix de revient* de *chaque journée* est égal à *un franc trente et un centimes*, et il reste une somme fractionnaire de 1 fr. 85 qui doit être portée au *Doit* du compte des *Frais généraux* pour solder exactement le compte des frais de ménage. Cette petite somme, qui fera ensuite partie du total des frais généraux à répartir, ne faussera en rien le résultat de cette répartition, attendu qu'elle représente une dépense faite pour l'ensemble de l'exploitation et que son importance est, dans tous les cas, insuffisante pour avoir une influence susceptible d'être appréciée.

Enfin, lorsque la répartition des frais généraux ne peut pas se faire d'une manière tout à fait exacte sur les comptes de production, on établit le solde du compte de ces frais par celui de *Profits et pertes*. En effet, s'il reste quelques francs ou quelques centimes résultant de la répartition des frais généraux, ces petites sommes représentent une dépense qui doit être déduite des bénéfices de l'exploitation, si on veut que le résultat final soit d'une parfaite exactitude et l'expression de la réalité.

Si, contrairement à ces indications, on voulait supprimer les chiffres fractionnaires en arrondissant les sommes dans lesquelles le calcul n'a pu les faire entrer, on arriverait forcément à ne pas solder exactement tous les comptes du Grand-Livre, ce qui empêcherait d'avoir la certitude que toutes les opérations comptables ont été bien effectuées. Une erreur, aussi faible qu'elle soit, ne peut pas être tolérée dans les écritures d'une comptabilité quelconque, parce qu'elle doit faire craindre qu'il en existe d'autres d'une importance plus considérable et plus ou moins masquées par celle que l'on a cru pouvoir négliger.

Dans la tenue des livres, il arrive souvent que des petites erreurs en font découvrir d'autres beaucoup plus grandes et qu'on ne soupçonnait pas avant de chercher celles que leur importance aurait pu faire abandonner. Ce n'est que lorsqu'elle fournit des résultats mathématiques, qu'une comptabilité peut être considérée comme exacte et qu'on peut accepter avec confiance les indications qu'elle fournit.

Prises dans leur ensemble, ces indications ne sont autre chose que le résultat de la comparaison de l'inventaire d'entrée avec l'inventaire de sortie, puisque l'un fournit le capital net au commencement de l'année et l'autre au 31 décembre.

GRAND-LIVRE

Le *Grand-Livre* est le résumé de toutes les opérations exécutées dans une exploitation rurale dans le cours d'une année. Il est établi avec les données fournies par les livres auxiliaires qui ont été tenus à cet effet, et, nous le répétons, ces livres auxiliaires, tels que nous les avons fait connaître, sont indispensables pour l'incription régulière de tous les faits comptables qui se produisent dans la culture du sol, avec leurs caractères particuliers. Si on voulait noter tous ces faits avec un seul modèle de livre, on ferait un travail qui serait excessivement confus, et duquel on ne pourrait tirer que très-difficilement des indications précises, c'est-à-dire des chiffres comptables, dans la vraie acception du mot.

Il n'est pas possible, ainsi que la pratique nous l'a prouvé, de contester sérieusement l'utilité des livres auxiliaires, ou journaux spéciaux, dans la tenue d'une comptabilité agricole; les faits comptables que cette comptabilité doit recueillir sont si nombreux et si variés, que leur classement serait presque impossible s'ils n'étaient pas enregistrés avec ordre, précision et clarté.

Lorsque les écritures journalières d'une comptabilité agricole sont bien faites, elles permettent d'établir facilement le *Grand-Livre*, où elles sont classées suivant la nature des opérations auxquelles elles s'appliquent, ce qui permet de déterminer régulièrement les résultats auxquels ces opérations ont donné lieu.

Ce travail de récapitulation et de classement, qui peut paraître considérable, est au contraire très-facile et très-rapide, lorsque les journaux spéciaux destinés à en fournir les éléments ont été convenablement établis et régulièrement tenus. De plus, il n'est pas nécessaire, ainsi que nous l'avons dit d'autre part, d'attendre la fin de l'année pour classer et inscrire sur le *Grand-Livre* les données comptables fournies par les livres auxiliaires. Cette opération peut se faire en un grand nombre de fois, et aucune date n'est absolument préférable à une autre ; on peut la faire tous les mois, si l'on veut, et pour tous les comptes, ou bien ne s'occuper que de ceux qui ont le plus de faits comptables à enregistrer.

Le compte *Blé*, par exemple, ne fournit que très-rarement l'occasion de faire des écritures de comptabilité avant la récolte de cette plante, c'est-à-dire avant le mois de juillet et d'août. Le compte *Caisse*, au contraire, donne lieu à la constatation d'opérations très-nombreuses qui sont faites à toutes les époques de l'année. D'où il suit qu'il existe une différence entre les comptes *Blé et Caisse*, résultant de ce que, pour l'un, on reste longtemps sans avoir de report à faire au *Grand-Livre*, tandis que, pour l'autre, on peut en faire à des époques très-rapprochées. Chaque fois que le *livre de caisse* est additionné pour faire des vérifications, il est très-facile de reporter au *Grand-Livre* les opérations qui y sont relatées. Quant aux détails de ces opérations, il est inutile de les reproduire dans le *Grand-Livre*, parce qu'on peut toujours les retrouver dans le journal spécial, où ils ont été inscrits lorsqu'on on a pris note des faits comptables auxquels ils se rapportent.

Pour passer au *Grand-Livre* les écritures relatives au règlement du *livre de caisse*, il n'y a qu'à *créditer*, d'après les indications que ce livre renferme, les comptes qui ont fourni les recettes, et à *débiter* ceux qui ont profité des payements qui y sont indiqués.

Si on trouve, je suppose, qu'une somme de 800 francs a été encaissée par suite de la vente d'un cheval de labour, on créditera le compte des *Attelages de Chevaux* de cette même somme, en inscrivant sur la page de l'*Avoir* cette simple mention: *Par Caisse*, suivie de l'indication de ladite somme placée dans la colonne destinée à recevoir les chiffres de toutes les valeurs à porter au *Crédit* du compte des *Attelages de Chevaux*. En même temps, on constatera au compte *Caisse* la réception de cette valeur, avec cette indication placée sous la page du *Doit : à Attelages chevaux*. Il va sans dire qu'en faisant cette écriture, on inscrira la somme de 800 francs dans la colonne des valeurs pour le débit du compte *Caisse*.

Ces expressions, *Par Caisse* et *à Attelages chevaux*, répondent parfaitement aux conditions essentielles d'une comptabilité agricole bien tenue, car elles veulent dire que le compte *Attelages chevaux* est crédité de la somme qu'il a fournie au compte *Caisse*, qui en a été débité.

De même on débitera, par exemple, le compte *Magasins* en inscrivant sur la page du *Doit* de ce compte, à *Prairies naturelles*, pour constater l'emmagasinage de la récolte du foin ; par contre, on créditera le compte des *Prairies* en mettant, sur la page de son *Avoir*, *Par Magasins*, ce qui indiquera la fourniture que les prairies ont faite à ce compte *Magasins*.

Ces exemples permettent de dire que, en règle générale, les valeurs qui sont portées au débit d'un compte doivent y être indiquées par le titre du compte qui les a fournies, précédé de la lettre *A*, et que celles qui sont portées à l'*Avoir*, par le titre du compte qui les a reçues, précédé de l'expression *Par*. C'est ainsi que l'on inscrira, je suppose, au compte *Main-d'œuvre: Par culture de Blé*, pour indiquer le chiffre de la valeur des travaux fournis par cette main-d'œuvre pour la culture de cette plante ; et à *Caisse*, pour motiver, dans ce même compte de *Main-d'œuvre*, l'inscription de la somme payée aux ouvriers dans un temps donné.

De ces indications applicables à tous les comptes du *Grand-Livre*, il résulte qu'une valeur inscrite au *Doit* d'un compte est toujours représentée par le même chiffre placé à l'*Avoir* d'un autre compte, et réciproquement. On peut même dire que ce caractère de dualité forme la base essentielle de toute comptabilité bien organisée, parce qu'il n'est pas admissible qu'une valeur comptable soit parfaitement constatée, si on n'indique pas son origine et si on ne fait pas connaître l'usage qui en est fait.

Pour mieux se rendre compte de l'importance de cette manière d'opérer, il suffit d'examiner, dans une comptabilité bien faite, les relations des comptes les uns avec les autres.

A cet effet, supposons un compte *Blé* au 31 décembre, et admettons que tous les faits comptables qui le concernent ont été régulièrement constatés par les écritures faites dans le courant de l'année. Nous trouverons, à l'*Inventaire*, le chiffre des emblavures ; au compte *Main-d'œuvre*, le chiffre des travaux exécutés par les ouvriers ; au compte des *Attelages*, le chiffre des travaux faits par les animaux ; au compte

Caisse, le chiffre de la dépense payée, je suppose, pour une location de machine à battre; au compte *Engrais en terre*, le chiffre de la dépense en engrais; au compte *Frais généraux*, le chiffre des frais ainsi dénommés ; enfin, au compte *Magasins*, le chiffre du produit obtenu, évalué au moment où il a été emmagasiné.

Quant au chiffre représentant le bénéfice réalisé par cette culture, il ne peut être fourni par aucun compte, puisqu'il est le résultat de la comparaison faite entre le total des dépenses et celui des recettes indiqués par le compte *Blé*. Si on fait intervenir le compte *Pertes et profits* pour constater ce bénéfice, c'est afin de l'inscrire à ce compte récapitulatif de tous les profits et de toutes les pertes résultant des diverses opérations auxquelles l'exploitant s'est livré.

En somme, avec notre système de comptabilité, aucun chiffre n'est indiqué d'une manière arbitraire ; tous sont constatés en temps et lieu et consignés dans les journaux spéciaux tenus expressément pour les enregistrer.

Il nous serait très-facile de démontrer que ce que nous venons de dire pour le compte de la culture du blé s'applique également à tous les autres comptes ; mais nous ne croyons pas qu'il soit nécessaire d'insister davantage sur ce fait, parce que les livres que nous avons adoptés n'ont pas été établis pour un seul compte, mais bien pour servir à enregistrer tous les faits comptables qui se produisent dans une exploitation. Au surplus, l'exemple de comptabilité agricole qui fait partie de notre travail permet d'apprécier facilement l'utilité et le fonctionnement de tous les livres que nous avons employés, et des comptes que nous avons établis.

Nous ferons observer seulement que plusieurs comptes du *Grand-Livre* contiennent des détails qu'il n'est pas nécessaire de reproduire dans la pratique de la comptabilité ; tels sont, par exemple, ceux que nous avons donnés relativement à la détermination des prix de revient des produits, et des travaux employés dans la ferme pour le service général de l'exploitation. Si nous avons opéré ainsi, c'est pour mieux démontrer le système de comptabilité que nous avons voulu faire connaître, mais non pour indiquer l'utilité d'un *Grand-Livre* détaillé et raisonné, fournissant les détails des opérations de simple arithmétique à effectuer pour l'établir.

RÉPERTOIRE

DOIT | INVENTAIRE

			folios		
1883-Janvier	1er	à *Capital net*, mon actif moins mon passif.......	140	37380	»
		à *Créanciers divers*, mon passif...............	»	1025	»

(1) Les numéros qui se trouvent dans cette colonne de chaque page du Grand-livre indiquent les folios des comptes.

Total de clôture.......	38405	»

DOIT | CAPITAL

1883-Décembre	31	à *Inventaire de sortie*, ma fortune mobilière à la fin de l'année........................	184	45478	05
		Total de clôture......		45478	05

DOIT | CRÉANCIERS

1883-Mars	15	à *Caisse*, solde du passif existant au 1er janvier..	158	1025	»
Décembre	31	à *Inventaire de sortie*, mon passif à la fin de l'année	184	1005	»
		Total de clôture......		2030	»

DOIT | MAGASINS

1883-Janvier	1er	à *Inventaire d'entrée*, denrées en magasin........	140	10115	20
	5	à *Caisse*, achat de charbon et de fagots de chêne.	158	157	50
Avril	30	à *Vacherie*, fumier produit du 1er janv. au 30 avril	148	808	05
	»	à *Bergerie*............idem.......	152	107	»
	»	à *Porcherie*............idem.................	»	107	65
	»	à *Attelages bœufs*......idem.................	142	201	65
	»	à *Attelages chevaux*.....idem.................	146	135	45
	»	à *Culture de la vigne*, fagots de sarment.........	178	90	»
Juillet	1er	à *Culture du trèfle*, récolte....................	176	1800	»
	15	à *Prairies naturelles*, idem....................	178	2400	»
Août	15	à *Culture du blé*.....idem.... } paille..750 fr. } grain.4000 » } ··	174	4750	»
	»	à *Culture d'avoine*...idem.... } paille..310 fr. } grain.2100 » } ··	176	2410	»
		A reporter......		23082	50

D'ENTRÉE   AVOIR

				folios		
1883-Janvier	1er	par *Magasins*, dont détails à l'inventaire........	140	10115	20
		par *Matériel d'exploitation*...idem.............	142	6323	»
		par *Attelages bœufs*.........idem.............	»	2400	»
		par *Attelages chevaux*......idem.............	146	2600	»
		par *Vacherie*...............idem.............	148	6950	»
		par *Bergerie*...............idem.............	152	1500	»
		par *Porcherie*..........·····idem.............	»	1400	»
		par *Basse-cour*............idem.............	154	115	»
		par *Engrais en terre*...... .idem.............	180	175	»
		par *Emblavures* { Blé (800) avoine (180).......	156	980	»
		{ Trèfle..................	158	185	»
		par *Débiteurs divers*, dont détails à l'inventaire..	»	2100	»
		par *Caisse*, suivant inventaire..................	»	3561	80
		Total de clôture.......		38405	»

NET   AVOIR

1883-Janvier	1er	par *Inventaire d'entrée*, ma fortune mobilière au commencement de l'année................	140	37380	»
Décembre	31	par *Profits et pertes*, mes bénéfices de l'année...	182	8098	05
		Total de clôture.......		45478	05

DIVERS   AVOIR

1883-Janvier	1er	par *Inventaire d'entrée*, mon passif au commencement de l'année........................	140	1025	»
Décembre	1er	par *Matériel d'exploitation*, pour achat à terme d'une batteuse.........................	142	800	»
	31	par *Matériel d'exploitation*, pour achat et réparations d'outils.........................	»	205	»
		Total de clôture.......		2030	»

MAGASINS   AVOIR

1883-Janvier	1er	par *Ménage*, provisions suivant inventaire.......	160	83	50
Mars	24	par *Culture de pommes de terre*, semence........	174	18	»
	»	par *Culture d'avoine*...........idem............	176	160	»
	31	par *Caisse*, vente de blé et d'avoine.............	158	1680	»
Avril	30	par *Fabrication de pain*, blé pour mouture, fagots de chêne et de sarment..	166	220	52
	»	par *Caisse*, vente de pommes de terre..........	158	320	25
	»	par *Vacherie*, nourriture et litière..	148	1876	75
	»	par *Bergerie*.......idem.....................	152	463	70
	»	par *Porcherie*......idem.....................	»	96	25
	»	par *Attelages bœufs*..idem...................	142	520	25
	»	par *Attelages chevaux*, idem.................	146	526	25
	»	par *Basse-cour*, nourriture...................	154	15	»
	»	par *Engrais en terre*, fumures................	180	2409	80
		A reporter......		8390	27

DOIT MAGASINS

			folios		
	Report......		23082	50
1883-Septembre 30	à *Vacherie*, fumier produit du 1er mai au 30 sept	148	828	85
»	à *Porcherie*............idem........	152	110	47
»	à *Attelages bœufs*......idem........	142	163	72
»	à *Attelages chevaux*......idem........	146	111	35
Octobre 31	à *Culture de la pomme de terre*, récolte........	174	1800	»
Novembre 1er	à *Culture de la vigne*..........idem..........	178	3500	»
Décembre 31	à *Culture de la betterave*........idem..........	170	1302	42
»	à *Culture de la carotte*........idem..........	172	641	28
»	à *Vacherie*, fumier produit du 1er octob. au 31 déc.	148	285	82
»	à *Porcherie*..........idem................	152	41	63
»	à *Attelages bœufs*......idem..............	142	75	62
»	à *Attelages chevaux*....idem..............	146	45	19
»	à *Culture de navets*, récolte..............	172	589	20
»	à *Profits et pertes*, excédant du prix de vente sur le prix d'emmagasinage des denrées livrées au marché................	182	575	75
»	à *Ménage*, provisions à la fin de l'année........	160	106	34
»	à *Fabrication de pain*, farine à la fin de l'année..	166	12	93
	Total de clôture.......		33273	07

DOIT MATÉRIEL

1883-Janvier 1er	à *Inventaire d'entrée*, voir détails à cet inventaire	140	6323	»
Avril 30	à *Caisse*, pour achat d'outils et réparations.....	158	360	»
Septembre 30	à *Caisse*..........idem....	»	415	»
Décembre 1er	à *Créanciers divers*, pour ach. à terme d'une batteuse	140	800	»
31	à *Créanciers divers*, pour achat d'outils et réparat.	»	205	»
	Total de clôture......		8103	»

DOIT ATTELAGES

1883-Janvier 1er	à *Inventaire d'entrée*, voir détails à cet inventaire.	140	2400	»
Avril 30	à *Magasins*, pour nourriture et litière, dont détails au *livre de la consommation du bétail*. Savoir :	»		
	2100 kilog. de foin à fr. 6 $\%_o$ = 126 f.			
	3150 kilog. de trèfle » 6 $\%_o$ = 189 »			
	2750 kilog. de paille » 2,50 $\%_o$ = 68,75			
	9100 kil. de betteraves » 1,50 $\%_o$ = 136,50		520	25
	Montant des consommations... du 1er janvier au 30 avril (*A rep.*). 520,25		2920	25

MAGASINS   AVOIR

			folios		
		Report......		8390	27
1883-Avril	15	par *Ménage*, consommations diverses..........	160	113	50
Septembre	30	par *Fabrication de pain*, blé pour mouture, fagots de chêne et de sarment..................	166	317	28
	»	par *Caisse*, vente de vin........	158	2000	»
	»	par *Vacherie*, nourriture et litière..............	148	1364	35
	»	par *Porcherie*,......idem....................	152	57	50
	»	par *Attelages bœufs*, idem......................	142	389	75
	»	par *Attelages chevaux*,idem.	146	683	25
	»	par *Basse-cour*.....idem.....................	154	20	»
	»	par *Ménage*, consommations diverses.:.........	160	138	»
Décembre	31	par *Fabrication de pain*, blé pour mouture, fagots de chêne et de sarment................	166	75	30
	»	par *Emblavures blé* 1884, semence............	156	440	»
	»	par *Emblavures avoine* 1884, idem..............	»	40	»
	»	par *Vacherie*, nourriture et litière....	148	1354	90
	»	par *Porcherie*, nourriture et litière..............	152	67	15
	»	par *Attelages bœufs*...idem...................	142	245	75
	»	par *Attelages chevaux*..idem..................	146	386	65
	»	par *Basse-cour*, nourriture...................	154	15	»
	»	par *Ménage*, consommations diverses..........	160	71	»
	»	par *Engrais en terre*, fumure pour culture de blé en 1884................	180	246	30
	»	par *Inventaire de sorties*, denrées en magasin....	184	16856	33
	»	par *Profits et pertes*, somme fractionnaire résultant du calcul fait pour la détermination du *prix moyen* du fumier restant en magasin à la fin de l'année.....................	182	»	79
		Total de clôture......		33273	07

D'EXPLOITATION   AVOIR

1883-Janvier	31	par *Inventaire de sortie*, voir détails à cet inventaire	184	7250	»
	»	par *Frais généraux*, pour frais d'entretien.......		853	»
		Total de clôture......		8103	»

BŒUFS   AVOIR

1883-Avril	30	par *Magasins*, 18500 kilog. de fumier produit du 1er janv. au 30 avril, au *prix moyen* de celui qui a été fourni par la *vacherie*, la *bergerie* et la *porcherie* pendant ce même *laps de temps*, soit à 10 fr. 90 les mille kilog............	140	201	65
		par *Culture d'avoine*, 44 journées de trav. à fr. 1,30	176	57	20
		par *Culture de carottes*,56 .....idem......» ..».	172	72	80
		par *Culture de betteraves*, 36.idem.........»...».	170	46	80
		A reporter......		378	45

			folios		
		Report....... 520 fr. 25		2920	25
1883-Avril	30	NOTA.— Pour trouver le *prix de revient* de la *journée de travail* d'un bœuf, du 1ᵉʳ janv. au 30 avril, il faut déduire de cette dépense de 520 fr. 25 la valeur du *fumier produit*, soit.................... 201 fr. 65			
		Ce qui donne pour *dépense effective* 318 fr. 60, et le chiffe de 1 fr. 30 pour *chacune* des 244 *journées de travail* constatées par le *livre des travaux*, et reportées à l'avoir du présent compte, plus une somme fractionnaire de 1 fr. 40.			
Septembre	30	à *Magasins*, pour nourriture et litière, savoir : 5100 kilogr. de foin à fr. 6 % = 306 fr. 500 kilogr. de trèfle » 6 % = 30 » 2150 kilogr. de paille » 2,50% = 53,75	140		
		à *Culture de vesces*, 6800 kilogr. de fourrage vert, au prix de revient de 14,18 les mille kilogr.................... 96,42	170		
		Montant des consommations Du 1ᵉʳ mai au 30 septembre....... 486,17		486	17
		NOTA.—Pour trouver le *prix de revient* de la *journée de travail d'un bœuf*, du 1ᵉʳ mai au 30 septembre, il faut déduire : 1° la valeur du fumier prod. 211 f. 70 2° la somme portée au débit 257,20 de la cult. de vesces, au 30 juin, 45,50			
		Ce qui réduit le montant des consommations à la somme de............ 276,97 soit 1 fr. 22 pour chacune des 226 journées de travail constatées par le livre des travaux, en sus de la culture des vesces, plus une somme fractionnaire de 1 fr. 23.			
Décembre	30	à *Magasins*, pour nourriture et litière, savoir: 2300 kilog. de foin à fr. 6 % = 138 fr.... 1950 kilog. de paille.»..2,50 % = 48,75... 5000 kilog. de better.»..1,18 % = 59.....	140		
		Montant des consommations. Du 1ᵉʳ octobre au 31 décembre. 245,75		245	75
		NOTA.— En opérant comme pour les neuf premiers mois de l'année, on trouverait que le *prix de revient* de la *journée de travail d'un bœuf*, du 1ᵉʳ octobre au 31 décembre, est de 1 fr. 26, plus une somme fractionnaire de 0 fr. 53			
		Total de clôture....		3652	17

BŒUFS **AVOIR**

			folios		
		Report......		378	45
1883-Avril	30	par *Cult. de pom. de terre,* 44 journ. de trav. à fr. 1,30	174	57	20
	»	par *Culture de vesces,* 52.....idem.......»...».	170	67	60
	»	par *Culture de la vigne,* 12...idem........»...».	178	15	60
	»	par *Frais généraux,* somme fractionnaire à répartir, résultant du calcul fait pour déterminer le prix de revient de la journée de travail, du 1er janvier au 30 avril......................	182	1	40
Juin	30	par *Culture de vesces,* 35 journ. de trav. à fr. 1,30	170	45	50
Septembre	30	par *Magasins,* 18620 kilogr. de fumier produit du 1er mai au 30 septembre, au prix moyen de celui qui a été fourni par la *vacherie* et la *porcherie* pendant ce même *laps de temps,* soit à fr. 8,82 les mille kilog..............	140	163	72
	»	par *Culture de blé,* 20 journées de trav. à fr. 1,22	174	24	40
	»	par *Culture d'avoine,* 4......idem.......»...».	176	4	88
	»	par *Cult. de pom. de terre,* 12.idem.......»...».	174	14	64
	»	par *Culture de trèfle,* 16......idem.......»...».	176	19	52
	»	par *Prairies naturelles,* 36....idem........»...»,	178	43	92
	»	par *Culture de la vigne,* 30...idem........»...».	»	36	60
	»	par *Culture de navets,* 36.....idem.......»...».	172	43	92
	»	par *Emblav. blé* 1884, 72 journ. de trav. à fr. 1,22	156	87	84
	»	par *Frais généraux,* somme fractionnaire à répartir	182	1	23
Octobre	31	par *Cult. de la betterave,* 24 journ. de trav. à fr. 1,22	170	29	28
	»	par *Culture de carottes,* 8 .....idem.....»...».	172	9	76
Novembre	30	par *Culture de navets,* 12......idem.....»...».	»	14	64
Décembre	31	par *Magasins,* 14350 kilog. de fumier produit du 1er octobre au 31 décembre, au prix de 5,27 °°/oo déterminé par le même procédé que pour les neuf premiers mois de l'année............	140	75	62
	»	par *Cult. de pom. de terre,* 16 journ. de trav. à f. 1,26	174	20	16
	»	par *Emblavures blé* 1884, 16....idem.....»...».	156	20	16
	»	par *Emblav. avoine* 1884, 28....idem.....»...».	»	35	28
	»	par *Cult. de carottes* 1884, 12....idem.....»...».	158	15	12
	»	par *Cult. de betterav.* 1884, 20...idem.....»...».	»	25	20
	»	par *Frais généraux,* somme fractionnaire à répartir	182	»	53
	»	par *Inventaire de sortie,* valeur des attelages de bœufs à la fin de l'année..............	184	2400	»
		Total de clôture...		3652	17

DOIT   ATTELAGES

			folios		
1883-Janvier	1er	à *Inventaire d'entrée*, voir détails à cet inventaire.	140	2600	»
Avril	30	à *Magasins*, pour nourriture et litière, dont détail au *livre de la consommation du bétail*, savoir :	»		

1700 kilog. de foin à fr 6 % == 102 fr.
1100 kilog. de trèfle.».6 % == 66 fr.
2850 kilog. de paille.». 250 % == 71 fr. 55
2900 kilog. de carotte.». 3 % == 87 fr.
 20 hectolit. d'avoine.».10 l'h.== 200 fr.

Montant des consommations
Du 1er janvier au 30 avril........ 526,25 .... 526 | 25

NOTA.— En opérant comme pour les *attelages de bœufs*, le *prix de revient* de la *journée de travail* est de 2 fr. 48, plus une somme fractionnaire de 1 fr. 44, le total des journées étant de 157.

| Septembre | 30 | à *Magasins*, pour nourriture et litière, savoir : | 140 | | |

3275 kilog. de foin à fr. 6 % == 196,50
 800 kilog. de trèfle..»..6 % == 48
1550 kilog. de paille.». 2,50 %==38,75
40 hectolitres d'avoine.». 10 l'h.== 400

Montant des consommations
Du 1er mai au 30 septembre....... 683,25 .... 683 | 25

NOTA.— Le *prix de revient* de la *journée de travail* d'un *cheval*, entretenu dans ces conditions, est de 2 fr. 66, plus une somme fractionnaire de 0,90,

| Décembre | 31 | à *Magasins*, pour nourriture et litière, savoir : | 140 | | |

1950 kilog. de foin à fr. 6 % == 117
1250 kilog. de paille.».2,50 % == 31,25
2400 kilog. de carottes.».1,60 %—38,40
20 hectolitres d'avoine..».10 l'h.== 200

Montant des consommations
Du 1er octobre au 31 décembre..... 386,65 .... 386 | 65

NOTA.— En opérant comme précédemment, on trouverait que le *prix de revient* de la *journ. de travail*, du 1er octobre au 31 décembre, est de 2 fr. 41, plus une somme fractionnaire de 0 fr. 38

Total de clôture........ 4196 | 15

CHEVAUX

AVOIR

Date		Description		Fr.	c.
1883-Avril	30	par *Magasins*, 12425 kilog. de fumier produit du 1er janvier au 30 avril, au *prix moyen* de 10 fr. 90 les mille kilog., ce prix étant déterminé par le même procédé que pour les *attelages de bœufs*...............	140	135	45
	»	par *Culture d'avoine*, 26 journ. de trav. à fr. 2,48	176	64	48
	»	par *Culture de carottes*, 22....idem........»... ».	172	54	56
	»	par *Cult. de betteraves*, ..36....idem.....».....».	170	89	28
	»	par *Cult. de pom. de terre*, 25..idem..... »....».	174	62	»
	»	par *Culture de vesces*, ...12..idem.....»....».	172	29	76
	»	par *Culture de la vigne*...32..idem.....»....».	178	79	36
	»	par *Chaulage*...........4..idem.....»....».	180	9	92
	»	par *Frais généraux*, somme fractionnaire à répartir, résultant du calcul fait pour déterminer le prix de revient de la journée de travail du 1er janvier 30 avril..................	182	1	44
Juin	30	par *Culture de vesces*, 5 journ. de trav. à fr. 2,48	170	12	40
Septembre	30	par *Magasins*, 12625 kilogr. de fumier au *prix moyen* de 8 fr. 82 les mille kilog., ce prix étant déterminé par le même procédé que pour les quatre premiers mois de l'année..	140	111	35
	»	par *Cult. de la betterave*, 10 journ. de trav. à fr. 2,66	170	26	60
	»	par *Cult. de la carotte*,...6....idem.......»...».	172	15	96
	»	par *Culture du blé*,......12....idem.......»...».	174	31	92
	»	par *Culture d'avoine*,.....6....idem.......»...».	176	15	96
	»	par *Cult. de la pom. de terre*, 4...idem......»...».	174	10	64
	»	par *Culture de trèfle*, 8 journ. de trav. à fr. 2,66	176	21	28
	»	par *Prairies naturelles*, 24...idem.......»....»..	178	63	84
	»	par *Cult. de la vigne*, 44...idem.. ....»....»..	»	117	04
	»	par *Emblav., blé* 1884, 55...idem......»....»..	156	146	30
	»	par *Culture de navets*, 29...idem......»....»..	172	77	14
	»	par *Chemins*,.........12...idem......»....»..	180	31	92
	»	par *Frais généraux*, somme fractionnaire à répartir	182	»	90
Octobre	31	par *Cult. de betteraves*, 16 journ. de trav. à fr. 2,66	170	42	56
	»	par *Culture de carottes*, 6......idem....»...»..	172	15	96
Novembre	30	par *Culture de navets*..12......idem....»...»..	»	31	92
Décembre	31	par *Magasins*, 8575 kilogr. de fumier, au *prix moyen* de 5 fr. 27 les mille kilogr., déterminé de la même manière que précédemment....	140	45	19
	»	par *Emblavures, blé* 1884, 39 journ. de trav. à fr. 2,41..................	156	93	99
	»	par *Emblav., avoine* 1884, 14.....idem....». ».	»	33	74
	»	par *Cult. de la carotte*...15.....idem....»...».	158	36	15
	»	par *Cult. de la betterave* 1884, 36..idem....»....».	»	85	76
	»	par *Frais généraux*, somme fractionnaire à répartir	182	»	38
	»	par *Inventaire de sortie*, valeur des animaux à la fin de l'année..................	184	2450	»
		par *Frais généraux*, dépréciation de la valeur des attel. de chevaux dans le courant de l'année..	182	150	»
		Total de clôture......		4196	15

DOIT VACHERIE

| 1883-Janvier | 1er | à *Inventaire d'entrée*, voir les détails à cet invent. | folios 140 | 6950 | » |
| Avril | 30 | à *Magasins*, pour nourriture et litière, dont détails *au livre de la consommation du bétail*, savoir: | 140 | | |

11500 kilog. de foin à fr. 6 % = 690
3450 kilog. de trèfle.»..6 % = 207
8650 kilog. de paille..»..2,50 % = 216,25
50900 kilog. de better..»..1,50 % = 763,50

Montant des consommations...... 1876.75

» à *Main-d'œuvre* (gagistes), 80 journées de vacher à fr. 3,08............... 246,40   [164]

Total des dépenses...
Du 1er janvier au 30 avril........ 2123,15   2123 | 15

NOTA.— Pour déterminer le *prix de revient* du fumier produit pendant ces quatre premiers mois de l'année, il faut déduire :

1° le *Croît* de 2 génisses à fr. 50 l'une........... 100 fr.
2° le *Croît* de 2 veaux, estimés 75 fr. l'un à l'inventaire et vendus en avril 140 fr. soit une différence de 130 »
3° la *Vente* de 2 veaux à 95 f. l'un.............. 190 »
4° la *Vente* de 18 kilogr. de beurre à fr. 2......... 36 »   1314,80
5° la *Vente* de 676 kilog. de fromage à fr. 1,20....= 811,20
5° la *Valeur* du beurre consommé par le ménage, soit 13 kilog. à fr. 2..= 26 »
7° la valeur du fromage également consommé par le ménage, soit 18 kilog. fr. 1,20............... 21,60.

Ce qui donne pour *dépense effective* 808,35 et pour *prix de revient* des 63,575 kilog. de fumier produit, le chiffre de 12 fr. 71 les mille kilog., plus une somme fractionnaire de 0 fr.30.

| Septembre | 30 | à *Magasins*, pour nourriture et litière, savoir : | 140 | | |

14.960 kilog. de foin à fr. 6 % = 897,60
3800 kilog. de trèfle » 6 % = 228
9550 kilog. de paille » 2,50 % = 238,75

» à *Culture de vesces*, 40100 kilog. de fourrage vert, au *prix de revient* de 14,18 ∞/∞ 568,62   [170]

A NOTER: 25 journées de *pâturage* pour utiliser l'herbe laissée par la faux en juin et celle qui a repoussé en septembre, mais qui ne pourrait être fauchée. Cette nourriture, qui serait perdue si

A reporter...... 1932,97   9,073 | 15

VACHERIE   **AVOIR**

			folios		
1883-Avril	30	par *Caisse*, vente des produits de la vacherie, du 1er janvier au 30 avril, savoir :	158		
		2 veaux de l'inventaire à fr. 140 = 280			
		2 veaux nés depuis le 1er j. » 95 = 190			
		18 kilog. de beurre » 2 = 36			
		676 kilog. de fromage » 1,20 = 811,20			
		Total.... 1317,20		1317	20
	»	par *Ménage*, Consommation de	160		
		13 kilog. de beurre à fr. 2 =...... 26			
		18 kilog. de fromage » 1,20 =..... 21,60			
		Total.... 47,60		47	60
	»	par *Magasins*, 63575 kilog. de fumier produit du 1er janvier au 30 avril, au *prix de revient* de 12 fr. 71 les mille kilog................	140	808	05
	»	par *Frais généraux*, somme fractionnaire à répartir résultant du calcul fait pour la détermination du prix de revient du fumier.........	182	»	30
Septembre	30	par *Caisse*, vente des produits de la vacherie, du 1er mai au 30 septembre, savoir :	158		
		2 veaux............à fr. 88 = 176 »			
		2 veaux............à fr. 112,50 = 225 »			
		15 kilog. de beurre. » 2 » = 30 »			
		703 kilog. de fromage » 1,20 = 843,60			
		Total.... 1.274,60		1274	60
	»	par *Ménage*, consommation de	160		
		15 kilog. de beurre à fr. 2 » = 30 fr.			
		24 kilog. de fromage » 1,20 = 28 » 80			
		Total.... 58 fr. 80		58	80
	»	par *Magasins*, 81500 kilog. de fumier produit du 1er mai au 30 septembre, au *prix de revient* de 10 fr. 17 les mille kilog.............	140	828	85
	»	par *Frais généraux*, somme fractionnaire à répartir	182	»	67
Décembre	31	par *Caisse*, vente des produits de la vacherie, du 1er octobre au 31 décembre, savoir :	158		
		2 veaux............à fr. 95 l'un = 190			
		1 veau............................ 90			
		4 kilog. de beurre à fr. 2...............8			
		590 kil. de fromage » 1,20..........708			
		Total.... 996		996	»
	»	par *Ménage*, consommation de	160		
		8 kilog. de beurre à fr. 2...........16,			
		12 kilog. de fromage » 1,20........14,40			
		Total....30,40		30	40
	»	par *Magasins*, 46325 kilog. de fumier produit du 1er octobre au 31 décembre, au *prix de revient* de 6 fr. 17 les mille kilog..........	140	285	82
		A reporter......		5648	29

DOIT   VACHERIE

				folios		
			Report...... 1932,97		9073	15
1883 Septembre	30		elle n'était pas pâturée, ne peut être portée en dépense que pour lesfrais de garde du troupeau, frais compris dans le salaire du vacher, compté ci-après. (*mémoire*)			
	»		Montant des consommations... 1.932,97 à *Main-d'œuvre* (gagistes), 115 journées de vacher à fr 3,13............ 359,95 Total des dépenses du 1er mai au 30 septembre............. 2292,92	164	2292	92
Décembre	31		NOTA.— Pour déterminer le *prix de revient* du fumier produit pendant ces cinq mois, soit 81500 kilog., on opérerait comme précédemment et l'on trouverait qu'il est égal à 10 f. 17 les mille kilog., plus une somme fractionnaire de 0 fr. 67 à *Magasins,* 3500 kil. de foin à fr. 6 °/₀ = 210 f. 4275 kilog. de trèfle à fr. 6 °/₀ = 256,50 8800 kilog. de paille » 2,50 °/₀ = 220 » 20000 kilog. de navets » 9,82 °°/₀₀ = 196,40 40000 k. de betteraves » 11,80 °°/₀₀ = 472 » A NOTER : un mois de *pâturage* dans les prairies pour utiliser l'herbe qui a repoussé en automne, et qui serait perdue si elle n'était pas pâturée. Cette nourriture ne constitue pas une dépense en dehors des frais de garde du troupeau par le vacher........ (*mémoire*)	140		
	»		Montant des consommations.... 1354,90 à *Main-d'œuvre* (gagistes), 69 journées de vacher à fr. 3,30 l'une........ 227,70 Total des dépenses du 1er octob. au 31 décembre.............. 1582,60	164	1582	60
			NOTA.— En faisant la même opération que pour les neufs premiers mois de l'année, on trouve que les 46325 kilog. de fumier produit du 1er octobre au 31 décembre *reviennent* à 6 fr. 17 les mille kilog., plus une somme fractionnaire de..............0 fr. 38			
			Total de clôture......		12948	67

VACHERIE   **AVOIR**

				folios		
			Report......		5648	29
1883-Décembre	31		par *Frais généraux,* somme fractionnaire à répartir	182	»	38
			par *Inventaire de sortie,* valeur des animaux à la fin de l'année......................	184	7300	»
			Total de clôture......		12948	67

DOIT BERGERIE

1883-Janvier Avril	1er 30		folios		
		à *Inventaire d'entrée*, voir les détails à cet inventaire	140	1500	»
		à *Magasins*, pour nourriture et litière, dont détails au livre de la consommation du bétail, savoir :	140		

3775 kilog. de foin à fr. 6 % = 226,50
800 kilog. de paille » 2,50 % = 20 »
7240 kilog. de carottes » 3 % = 217,20

Montant des consommations.... 463,70

à *Main-d'œuvre* (gagistes), 10 journées de travail à fr. 3,08.............. 30,80 | 164 |

Total des dépenses du 1er janvier au 30 avril...................... 494,50 | | 494 | 50 |

NOTA. — Pour déterminer le *prix de revient* du fumier obtenu, il n'y a qu'à diviser la différence entre la somme résultant de la vente du troupeau et celle qui représente sa valeur au 1er janvier, augmentée des dépenses faites pour son entretien, par le nombre de kilog. de ce fumier.

Cette différence, qui est de 107 fr., donne le chiffre de 10 fr. 19 pour *prix de revient* des 10500 kilog. de fumier fourni par les animaux de la bergerie, du 1er janvier au 30 avril.

Total de clôture...... | | 1994 | 50 |

DOIT PORCHERIE

1883-Janvier Avril	1er 30				
		à *Inventaire d'entrée*, voir les détails à cet inventaire	140	1400	»
		à *Caisse*, pour achat de nourriture, savoir :	158		

598 kilog. de farine à fr. 20 % = 119,60
762 kilog. de son » 12 % = 91,45

Total.... 211,05

à *Magasins*, 2050 kilog. de paille litière à fr. 2,50 %.................... 51,25 | 140 |
1500 kilog. de carotte à fr. 3 % = 45 »

Montant des consommations.... 307,30

à *Main-d'œuvre* (gagistes), 30 journées de travail à fr. 3,08.............= 92,40 | 164 |

Total des dépenses du 1er janv. au 30 avril — 399,70 | | 399 | 70 |

NOTA. — Pour déterminer le *prix de revient* du fumier produit, il faut déduire :

1° la *plus-value* de 12 gorets, du 1er janv. au 30 avril, comptés à l'inventaire à raison de 50 fr. l'un, tandis qu'ils ont été vendus, au 25 mars, la somme de 85 fr., soit une différ. de 35 fr. pour chac., et pour 12 = 420

2° la *valeur* de 15 gorets, nés les 5 et 10 février, soit à 20 fr. l'un........... 300

Total.... 720

A reporter...... | | 1799 | 70 |

BERGERIE   AVOIR

			folios		
1883-Mars	25	par *Caisse*, vente du troupeau, composé de 50 têtes à fr. 37,75 l'une.................	158	1887	50
Avril	30	par *Magasins*, 10500 kilog. de fumier produit du 1er janvier au 30 avril, au *prix de revient* de 10 fr. 19 les mille kilog.................	140	107	»
		Total de clôture......		1994	50

PORCHERIE   AVOIR

1883-Mars	25	par *Caisse*, vente de 12 gorets à fr. 85 l'un......	158	1020	»
Avril	30	par *Magasins*, 9875 kilog. de fumier évalué au *prix moyen*, qui résulte de l'addition de cette quantité avec celle des autres animaux de rente entretenues dans la ferme (vaches et moutons) et de la division du prix total de ces fumiers par le poids ainsi obtenu. Cette opération se fait de la manière suivante: Fumier produit du 1er janvier au 30 avril: Vacherie 63575 k° à fr. 12,71 °/₀₀ = 808,05 Bergerie 10500 k° » 10,19 °/₀₀ = 107 » Porcherie 9875 k° » » » Totaux...83.950 k°.....pour......915,05 Le *prix moyen* qui ressort de la division de 915,05 par 83.950 étant de 10,90 °/₀₀, cela permet d'inscrire au *crédit* de la Porcherie une valeur en fumier de..........	140	107	65
Septembre	30	par *Caisse*, vente de 10 gorets à fr. 60 l'un......	158	600	»
		par *Magasins*, 12.525 kilog. de fumier produit du 1er mai au 30 septembre, évalué par le procédé indiqué pour les quatre premiers mois de l'année au *prix moyen* de 8,82 les mille kilog..................	140	110	47
		A reporter......		1838	12

DOIT   PORCHERIE

			foiios		
		Report......		1799	70
1883-Avril	30	Mais, comme ce total est supérieur de 320 f. 30 à celui des dépenses, le prix de revient du fumier est égal à *zéro* et, par suite, il constitue un supplément de bénéfice pour la Porcherie pendant les quatre premiers mois de l'année.			
Septembre	30	à *Caisse*, pour achat de nourriture, savoir : 740 kilog. de farine à fr. 20 °/₀ = 148 » 1220 kilog. de son à fr. 12 °/₀ = 146,40 Total.... 294,40	158		
	»	à *Culture de vesces*, 3500 kilog. de fourrage sec à fr. 14,18 °°/₀₀.........= 49,63	170		
	»	à *Magasins*, 2300 kilog. de paille litière à fr. 2,50 °/₀.................= 57,50	140		
	»	à *Main-d'œuvre* (gagistes), 38 journées de travail à fr. 3,13..............=118,94	164		
		Total des dépenses du 1ᵉʳ mai au 30 sept. 520,47		520	47
		NOTA.— Comme pour les quatre premiers mois de l'année, le *prix de revient* du fumier est *nul*, par la raison que la somme des produits échangeables est supérieure à celle de la dépense faite pour les obtenir.			
Décembre	31	à *Caisse*, pour achat de nourriture, savoir: 345 kilog. de farine à fr. 20 °/₀ = 69 » 618 kilog. de son · » 12 °/₀ = 74,16 Total.... 143,16	158		
	»	à *Magasins*, 1550 kilog. de paille litière.. à fr. 2,50 °/₀.................= 38,75 1775 k. de carottes à fr. 16 °°/₀₀ = 28,40	140		
	»	à *Main-d'œuvre* (gag.), 23 journ. de trav. à fr 3,30............·.......... = 75,90	164		
		Total des dépenses du 1ᵉʳ octobre au 31 décembre................... 286,21		286	21
		NOTA.— Pour les mêmes raisons que celles qui ont été indiqués précédemment, le *prix de revient* du fumier est *nul*...................			
	»	à *Pertes et profits*, solde en bénéfice..........	182	793	37
		Total de clôture.....		3399	75

DOIT   BASSE-COUR

			foiios		
1883-Janvier	1ᵉʳ	à *Inventaire d'entrée*, voir les détails à cet invent.	140	115	»
Avril	30	à *Magasins*, 150 litres d'avoine à fr. 10 l'hectol.	»	15	»
	»	à *Fabrication de pain*, 142 kilog. de son à fr. 12°/₀	166	17	04
Septembre	30	à *Magasins*, 200 litres d'avoine à fr. 10 l'hectol..	140	20	»
	»	à *Fabrication de pain*, 190 kilogr. de son à fr. 12°/₀	166	22	80
Décembre	31	à *Magasins*, 150 litres d'avoine à fr. 10 l'hectol.	140	15	»
		A reporter......		204	84

PORCHERIE AVOIR

			folios		
		Report......		1838	12
1883-Décembre	31	par *Caisse*, vente de 6 gorets à fr. 60 l'un.......	158	360	»
	»	par *Magasins*, 7900 kilog. de fumier produit du 1er octobre au 31 décembre, au *prix moyen* de fr. 5,27 les mille kilog...............	140	41	63
	»	par *Inventaire de sortie*, valeur des animaux à la fin de l'année..................	184	1160	»
		Total de clôture......		3399	75

BASSE-COUR AVOIR

				folios		
1883-Avril	30	par *Caisse*, vente de 200 œufs à fr. 6,50 %.....		158	13	»
	»	par *Ménage*, cons. de 120 » » 6,50 %.....		140	7	80
Septembre	30	par *Caisse*, vente de 40 poulets » 1,50 = 60 »		158		
		— 30 pigeons » 1 » = 30 »				
		— 30 canards » 1,75 = 52,50				
		— 500 œufs » 6,50 = 32,50				
		Total....175,»			175	»
	»	par *Ménage*, consom. de 360 œufs à fr. 6,50 %		160	23	40
		A reporter......			219	20

DOIT BASSE-COUR

Date		Libellé	folios		
		Report......		204	84
1883-Décembre	31	à *Fabrication de pain,* 133 kilog. de son à fr. 12 %	166	15	96
	»	à *Pertes et profits,* solde en bénéfice............	182	173	35
		Total de clôture....		394	15

DOIT EMBLAVURES

Date		Libellé	folios		
1883-Janvier	1er	à *Inventaire d'entrée,* avances en 1882 pour la culture du blé en 1883.................	140	800	»
Septembre	30	à *Main-d'œuvre* (gagistes), 24 journées à fr. 3,13 l'une pour culture de blé en 1884... ·	164	231	62
	»	à *Attelages chevaux,* 25 journées de travail à fr. 2,66 l'une pour culture de blé en 1884.........	146	146	30
	»	à *Attelages bœufs,* 72 journées de travail à fr. 1,22 l'une pour culture de blé en 1884.........	142	87	84
Décembre	31	à *Magasins,* 22 hectolit. de semence à fr. 20 l'hect, pour culture de blé en 1884.............	140	440	»
	»	à *Main-d'œuvre* (journaliers), voir le livre des travaux pour culture de blé en 1884.......	166	12	»
	»	à *Main-d'œuvre* (gagistes), 45 journées de travail à fr. 3,30 l'une pour culture de blé en 1884	164	148	50
	»	à *Attelages chevaux,* 39 journées de travail à fr. 2,41 l'une pour culture de blé en 1884....	146	93	99
	»	à *Attelages bœufs,* 16 journées de travail à fr. 1,26 l'une pour culture du blé en 1884.........	142	20	16
		Total de clôture....		1980	41

DOIT EMBLAVURES

Date		Libellé	folios		
1883 Janvier	1er	à *Inventaire d'entrée,* avances en 1882 pour la culture d'avoine en 1883.................	140	180	»
Décembre	31	à *Magasins,* 4 hectolitres de semence à fr. 10 l'un pour culture d'avoine en 1884........	»	40	»
	»	à *Main-d'œuvre* (gagistes), 31 journées de travail à fr. 3,30 l'une pour culture d'avoine en 1884	166	102	30
	»	à *Attelages chevaux,* 14 journées de trav. à f. 2,41 l'une pour culture d'avoine en 1884.......	146	33	74
	»	à *Attelages bœufs,* 28 journées de trav. à fr. 1,26 l'une pour culture d'avoine en 1884.......	142	35	28
		Total de clôture....		391	32

BASSE-COUR

AVOIR

				folios		
			Report......		219	20
1883-Décembre	31	par *Caisse*, vente de 20 pigeons à fr. 1, = 20		158		
		— 30 canards » 1,75 = 35 »				
		— 150 œufs » 6,50 = 9,75				
		Total....64,75			64	75
	»	par *Ménage*, consom. de 80 œufs à fr. 6,50 %..		160	5	20
	»	par *Inventaire de sortie*, valeur des animaux à la fin de l'année.........................		184	105	»
		Total de clôture....			394	15

BLÉ

AVOIR

				folios		
1883-Janvier	1er	par *Culture du blé*, avances au sol en 1882.....		158	800	»
Décembre	31	par *Inventaire de sortie*, avances au sol pour la culture du blé en 1884..........		184	1180	41
		Total de clôture........			1980	41

AVOINE

AVOIR

				folios		
1883-Janvier	1er	par *Culture d'avoine*, avances au sol en 1882....		158	180	»
Décembre	31	par *Inventaire de sortie*, avances au sol en 1884.		184	211	32
		Total de clôture....			391	32

DOIT EMBLAVURES

1883-Janvier	1er	à *Inventaire d'entrée*, avances au sol, en 1882, pour culture de trèfle en 1883................	folios 140	185	»
Avril	30	à *Caisse*, semence............................	158	183	75
	»	à *Main-d'œuvre* (journaliers), semailles........	166	12	»
		Total de clôture....		380	75

DOIT CULTURE DE LA

1883-Décembre	31	à *Main-d'œuvre* (gagistes), 20 journées de travail pour préparation du sol, à fr. 3,30 l'une...	164	66	»
	»	à *Attelages bœufs*, 12 journées de travail pour préparation du sol, à fr. 1,26 l'une..........	142	15	12
	»	à *Attelages chevaux*, 15 journées de travail pour préparation du sol, à fr. 2,41 l'une.......	146	36	15
		Total de clôture....		117	27

DOIT CULTURE DE

1883-Décembre	31	à *Main-d'œuvre* (gagistes), 20 journées de travail pour préparation du sol, à fr. 3,30 l'une...	164	158	40
	»	à *Attelages chevaux*, 36 journées de travail pour préparation du sol, à fr. 2,41 l'une........	146	86	76
	»	à *Attelages bœufs*, 20 journées de travail pour préparation du sol, à fr. 1,26 l'une..........	142	25	20
		Total de clôture....		270	36

DOIT DÉBITEURS

1883-Janvier	1er	à *Inventaire d'entrée*, sommes restant dues sur ventes de denrées en 1882..............	140	2100	»
		Total de clôture...		2100	»

DOIT CAISSE

1883-Janvier	1er	à *Inventaire d'entrée*, valeurs en espèces........	140	3561	80
Mars	25	à *Bergerie*, vente du troupeau..................	152	1887	50
	»	à *Porcherie*, vente de deux jeunes porcs........	»	1020	»
	31	à *Magasins*, vente de blé et d'avoine...........	140	1680	»
Avril	30	à *Magasins*, vente de pommes de terre..........	»	320	25
	»	à *Vacherie*, vente de veaux, beurre et fromage...	148	1317	20
	»	à *Basse-cour*, vente d'œufs....................	154	13	»
		A reporter......		9799	75

TRÈFLE — AVOIR

Date		Libellé	folios		
1883-Janvier	1er	par *Culture du trèfle*, avances au sol en 1882....	158	185	»
Décembre	31	par *Inventaire de sortie*, avances au sol pour 1884.	184	195	75
		Total de clôture....		380	75

CAROTTE EN 1884 — AVOIR

Date		Libellé			
1883-Décembre	31	par *Inventaire de sortie*, avances au sol pour 1884	184	117	27
		Total de clôture....		117	27

BETTERAVES EN 1884 — AVOIR

Date		Libellé			
1883-Décembre	31	par *Inventaire de sortie*, avances au sol pour 1884	184	270	36
		Total de clôture....		270	36

DIVERS — AVOIR

Date		Libellé			
1883-Avril	30	par *Caisse*, solde de la créance de Pierre pour vente de blé en 1882..........................	158	1000	»
Décembre	31	par *Inventaire de sortie*, somme non soldée par Louis sur vente de vin en 1882...........	184	1100	»
		Total de clôture...		2100	»

CAISSE — AVOIR

Date		Libellé			
1883-Janvier	5	par *Magasins*, achat de charbon et de fagots de chêne............................	140	157	50
Mars	15	par *Créanciers divers*, solde du Passif constaté par l'inventaire d'entrée.................	»	1025	»
Avril	30	par *Matériel d'exploitation*, achat d'outils et répar.	142	360	»
	»	par *Porcherie*, achat de nourriture.............	152	211	05
	»	par *Culture de trèfle* 1884, achat de semence.....	176	183	75
		A reporter......		1937	30

DOIT   CAISSE

			folios		
		Report......		9799	75
1883-Avril	30	à *Débiteurs divers*, payement de la créance sur Pierre en 1882..	158	1000	»
		Nota.— Pour les mêmes raisons que celles qui sont indiquées à la page de l'Avoir ci-contre, nous, écrirons :			
Septembre	30	à *Divers*, recettes diverses..................		4049	60
Décembre	31	à *Divers*, id ....:............:....		1420	75
		Total de clôture....		16270	10

DOIT   MÉNAGE

1883-Janvier	1er	à *Magasins*, provisions de ménage.............	140	83	50
Avril	30	à *Caisse*, achat de denrées et gages de la ménagère	158	295	75
	»	à *Magasins*, vin, pommes de terre, fagots de sarments et charbon.........................	140	113	50
	»	à *Fabrication du pain*, livraisons de pain, du 1er janvier au 30 avril................	166	205	30
	»	à *Vacherie*, beurre et fromage..................	148	47	60
	»	à *Basse-cour*, œufs...........................	154	7	80
	»	à *Jardin*, légumes...........................	178	27	
		Total......		780	45
		A reporter....		780	45

CAISSE   **AVOIR**

			folios		
		Report......		1937	30
1883-Avril	31	par *Ménage*, achat de denrées et gages de la ménagère...................................	160	295	75
	»	par *Main-d'œuvre* (gagistes), payement des gages aux domestiques........................	164	880	»
	»	par *Main-d'œuvre* (journaliers), payement des quinzaines du 1er janvier au 30 avril.......	166	561	75
	»	par *Fabrication du pain*, frais de mouture et de fournées................................	»	32	»
	»	par *Culture de vesces*, achat de semence........	170	210	»
	»	par *Culture de la betterave*..idem...............	»	22	50
	»	par *Culture de la carotte*....idem...............	172	15	»
	»	par *Culture de navets*......idem..............	»	12	»
	»	par *Chaulage*, achat de chaux.................	180	500	»
	»	par *Frais généraux*, impositions et assurances contre l'incendie......	182	460	»

OBSERVATION. — Il n'est pas indispensable de tenir un compte caisse avec tous les détails que nous avons donnés pour les quatre premiers mois de l'année. En se reportant au Livre de caisse, on les y trouve tous et avec des indications plus complètes que celles que nous avons reproduites dans le Grand-Livre. Par suite, on peut n'inscrire au compte Caisse que les chiffres des dépenses et des recettes totalisées, chaque fois qu'on veut vérifier le numéraire. Dans ce cas, on tient les écritures comme il suit :

			folios		
Septembre	30	par *Divers*, payements divers		4482	80
Décembre	31	par *Divers*, idem........................		1726	16
	»	par *Inventaire de sortie*, espèces restant en Caisse à la fin de l'année........................	184	5134	84
		Total de clôture....		16270	10

MÉNAGE   **AVOIR**

			folios		
1883-Avril	30	par *Main-d'œuvre* (gagistes), nourriture pour 485 *journées de travail* de gagistes, du 1er janv. au 30 avril, à raison de 1 fr. 27 par journée	164	615	95
Septembre	30	par *Main-d'œuvre* (gagistes), nourriture pour 604 *journées de travail* de gagistes, du 1er mai au 30 septembre, à raison de 1 fr. 30 par journée.............................	»	791	24
	»	par *Frais généraux*, somme fractionnaire à répartir, résultant du calcul fait pour déterminer le prix de revient de la nourriture pour une journée de travail, du 1er mai au 30 septemb.	182	3	16
		A reporter......		1410	35

DOIT   MÉNAGE

			folios		
		Report.....		780	45
1883-Avril	30	NOTA. — En déduisant la valeur des provisions au 30 avril...........................		164	50
		il reste pour *consommation effective* pendant les quatre premiers mois de l'année.....		615	95
		et, le nombre des *journ. de trav.* des *gagistes* étant, pendant ce même laps de temps, de 485, le *prix de revient de la nourriture* pour chaque journée est de 1 fr. 27.			
		A suivre :			
		Total au 30 avril....		780	45
Septembre	30	à *Caisse,* achat de denrées et gages de la ménagère	158	250	40
	»	à *Magasins,* vin, pommes de terre, fagots de sarment et charbon.....................	140	138	»
	»	à *Fabrication de pain,* livr. du 1er mai au 30 sept.	166	275	15
	»	à *Vacherie,* beurre et fromage.................	148	52	80
	»	à *Basse-cour,* œufs.........................	154	23	40
	»	à *Jardin,* légumes.........................	180	45	»
		Total....		1571	20
		NOTA. — En déduisant : 1° la dép. des quatre premiers mois 615 f. 95 2° la valeur des prov. au 30 sept.. 160 » 85		776	80
		il reste pour *dépense effective,* du 1er mai au 30 septembre		794	40
		et, le nombre des journées de travail étant, pendant ces cinq mois, de 604, le *prix de revient* de la journée est de 1 f. 31, plus une somme fractionnaire de 3 fr. 16.			
		A suivre :			
		Total au 30 septembre....		1571	20
Décembre	31	à *Caisse,* achat de denrées et gages de la ménagère	158	93	»
	»	à *Magasins,* vin, pommes de terre, fagots de sarments et charbon.....................	140	71	»
	»	à *Vacherie,* beurre et fromage.................	148	30	40
	»	à *Basse-cour,* œufs.........................	154	5	20
	»	à *Jardin,* légumes.........................	178	15	»
	»	à *Fabrication de pain,* livraisons du 1er octobre au 31 décembre.........	166	157	92
		NOTA. — En opérant comme pour les neufs premiers mois de l'année, on trouverait que *le prix de revient* de la nourriture pour *une journée de travail d'un gagiste* est de 1 fr. 29, plus une somme fractionnaire de 2 fr. 62			
		Total de clôture....		1943	72

MÉNAGE   **AVOIR**

			folios		
		Report......		1410	35
1883-Décembre	31	par *Main-d'œuvre* (gagistes), nourriture pour 329 *journées de travail,* du 1er octobre au 31 décembre, à raison de 1 fr. par journée......	164	424	41
	»	par *Frais généraux,* somme fractionnaire à répartir	182	2	62
		par *Magasins,* provision du ménage à la fin de l'année..	140	106	34
		Total de clôture.....		1943	72

DOIT   MAIN-D'ŒUVRE

			folios		
1883-Avril	30	à *Caisse*, gages des domestiques du 1ᵉʳ janvier au 30 avril...............................	158	880	»
	»	à *Ménage*, nourriture des domestiques du 1ᵉʳ janv. au 30 avril............................	160	615	95
		Total....		1495	95
		NOTA.— Le nombre de *journées de travail* des gagistes étant de 485 pendant ces quatre premiers mois de l'année, le *prix de revient* de *chaque journée* est de 3 fr. 08, nourriture et gages compris........			
Septembre	31	à *Caisse*, gages des domestiques du 1ᵉʳ mai au 30 septembre..........................	158	1100	»
	»	à *Ménage*, nourriture des domestiques du 1ᵉʳ mai au 30 septembre.........................	160	791	24
		Total....		3387	19
		NOTA.— En déduisant le total du 30 avril, soit		1495	95
		il reste pour dépense du 1ᵉʳ mai au 30 sept. et le nombre de *journées de travail* étant de 604 pendant ces cinq mois de l'année, le *prix de revient* de *chaque journée* est de 3,13		1891	24
		A suivre :			
		Total au 30 septembre....		3387	19
Décembre	31	à *Caisse*, gages des domestiques du 1ᵉʳ octobre au 31 décembre............................	158	662	»
	»	à *Ménage*, nourriture des domestiques, du 1ᵉʳ octobre au 31 décembre...................	160	424	41
		Total....		4473	60
		NOTA.— En déduisant le total au 30 sept., soit		3387	19
		il reste pour dépense, du 1ᵉʳ oct. au 31 déc. et, le nombre de *journées de travail* étant de 329 pendant ces trois derniers mois de l'année, le *prix de revient* de chaque journée, pour *nourriture* et *gages*, est de 3 fr 30....... .		1086	41
		Total général au 31 décembre....		4473	60
		Total de clôture....		4473	60

(GAGISTES)

AVOIR

			folios		
1883-Avril	30	par *Culture de vesces,* 32 journ. de trav. à fr. 3,08	170	98	56
	»	par *Culture de betteraves,* 58 j.......idem... ...	»	178	64
	»	par *Culture de carottes,* 39 j........idem.......	172	120	12
	»	par *Culture du blé,* 6 j..............idem.......	174	18	48
	»	par *Culture d'avoine,* 37 j. ......idem	176	113	96
	»	par *Culture de pommes de terre,* 57 j.idem........	174	175	56
	»	par *Culture de la vigne,* 93 j........idem.......	178	286	44
	»	par *Prairies naturelles,* 21 j........idem.......	»	64	68
	»	par *Chaulage,* 22 j................idem.......,	180	67	76
	»	par *Vacherie,* 80 j................idem......	148	246	40
	»	par *Bergerie,* 10 j................idem.......	152	30	80
	»	par *Porcherie,* 30 j.............idem.......	»	92	40
	»	par *Frais généraux,* somme fractionnaire à répartir, résultant du calcul fait pour déterminer le prix de revient de la journée de travail des gagistes, du 1er janvier au 30 avril........	182	2	15
Septembre	30	par *Culture de betteraves,* 26 j. de trav. à fr. 3,13	170	81	38
	»	par *Culture de carottes,* 22 j........idem.......	172	68	86
	»	par *Culture du blé,* 57 j....... ....idem.......	174	178	41
	»	par *Culture d'avoine,* 35 j.........idem.......	176	109	55
	»	par *Culture de pommes de terre,* 10 j.idem.......	174	31	30
	»	par *Culture du trèfle,* 19 j.........idem	176	59	47
	»	par *Culture de la vigne,* 85 j.......idem.......	178	266	05
	»	par *Culture de navets,* 52 j.........idem.......	172	162	76
	»	par *Culture du blé 1884,* 74 j.......idem.......	174	231	62
	»	par *Prairies naturelles,* 51 j........idem.......	178	159	63
	»	par *Chemins,* 20 j................idem.......	180	62	60
	»	par *Vacherie,* 115 j.........idem........	148	359	95
	»	par *Porcherie,* 38 j................idem..	152	118	94
	»	par *Frais généraux,* somme fractionnaire à répartir	182	»	72
Décembre	31	par *Culture de la betterave,* 25 j. de trav. à fr. 3,30	170	82	50
	»	par *Culture de la carotte,* 10 j... ..idem...	172	33	»
	»	par *Culture de la pomme de terre,* 8 j.idem........	174	26	40
	»	par *Culture de la vigne,* 4 j........idem........	178	13	20
	»	par *Culture du blé 1884,* 45 j......idem........	156	148	50
	»	par *Culture d'avoine 1884,* 38 j....idem........	»	102	30
	»	par *Culture de la carotte 1884,* 20 j. idem.... ...	158	66	»
	»	par *Culture de la betterave 1884,* 48 j.idem..... .	»	158	40
	»	par *Culture de navets,* 36 j........idem........	172	118	80
	»	par *Chemins,* 10 j................idem.......	180	33	»
	»	par *Vacherie,* 69 j..............idem........	148	227	70
	»	par *Porcherie,* 23 j.... ....idem........	152	75	90
	»	par *Frais généraux,* somme fractionnaire à répartir	182	»	71
		Total de clôture....		4473	60

DOIT MAIN-D'ŒUVRE

			folios		
1883-Avril	30	à *Caisse*, total des quinzaines payées aux journal., du 1er janvier au 30 avril, et dont détails au *Livre de paye des journaliers* et au *Livre de Caisse*..........................	158	561	75
Septembre	30	à *Caisse*, total des quinzaines payées, du 1er mai au 30 septembre.........................	»	2378	50
Décembre	31	à *Caisse*, total des quinzaines payées, du 1er octobre au 31 décembre.....................	»	472	50
		Total de clôture....		3412	75

DOIT FABRICATION

			folios		
1883-Avril	30	à *Magasins*, 10 hectolitres de blé à fr. 20 l'hectolit.	158	200	»
		172 fagots de sarment à fr. 6 %..........		10	32
		58 fagots de chêne » 15 %..........		10	20
	»	à *Caisse*, payement du travail d'un ouvrier de la ferme pour aider la ménagère à fabriquer le pain, travail non compris dans le prix de la journée de cet ouvrier, soit pour 17 fournées de pain à fr. 1 l'une....................	»	17	»
		mouture de 10 hectolitres de blé à fr. 1,50.		15	»
		Ensemble....		252	52

NOTA. — Pour déterminer le *prix de revient* du pain fabriqué, il faut déduire :

1° La *valeur de la farine* restant en magasin et dont le prix est égal à celui du blé plus la mouture, soit 105 kilogrammes

		A reporter......		252	52

(JOURNALIERS) **AVOIR**

				folios		
1883-Avril	30	par *Culture de vesces,* montant des travaux exécutés du 1er janvier au 30 avril	170		5	25
	»	par *Culture de betteraves,* idem	»		90	»
	»	par *Culture de carottes,* idem	172		24	»
	»	par *Culture du blé,* idem	174		27	»
	»	par *Culture d'avoine,* idem	176		9	»
	»	par *Culture de la pomme de terre,* idem	174		73	50
	»	par *Culture de la vigne,* idem	178		231	»
	»	par *Culture du trèfle* 1884, idem	158		12	»
	»	par *Prairie naturelles,* idem	178		54	»
	»	par *Jardins,* idem	»		54	»
Juin	30	par *Culture de vesces,* montant des travaux exécutés du 1er mai au 30 juin	170		60	»
Septembre	30	par *Culture de betteraves,* montant des travaux exécutés du 1er mai au 30 septembre	»		150	»
	»	par *Culture de carottes,* idem	172		24	»
	»	par *Culture du blé,* idem	174		1175	»
	»	par *Culture d'avoine,* idem	176		259	»
	»	par *Culture de la pomme de terre,* idem	174		90	»
	»	par *Culture du trèfle,* idem	176		222	»
	»	par *Culture de la vigne,* idem	178		277	50
	»	par *Prairies naturelles,* idem	»		235	»
Octobre	31	par *Culture de betteraves,* montant des travaux exécutés du 1er au 31 octobre	170		157	50
	»	par *Culture de carottes,* idem	172		60	»
Décembre	31	par *Culture de la pomme de terre,* montant des travaux exécutés du 1er octobre au 31 déc.	174		24	»
	»	par *Culture de la vigne,* idem	178		24	»
	»	par *Culture de navets,* idem	172		30	»
	»	par *Culture du blé* 1884, idem	156		12	»
	»	par *Jardin,* idem	178		33	»
		Total de clôture....			3412	75

DE PAIN

 AVOIR

1883-Avril	30	par *Ménage,* 676 kilog. de pain livré à la ménagère, du 1er janvier au 30 avril, à raison de 30 fr. 37 %	160		205	30
	»	par *Basse-cour,* 142 kilog. de son à fr. 22 %	154		17	04
Septembre	30	par *Ménage,* 906 kilog. de pain livré à la ménagère, du 1er mai au 30 septembre, à raison de 30 fr. 37 %	160		275	15
	»	par *Basse-cour,* 190 kilog. de son à fr. 12 %	154		22	80
Décembre	31	par *Ménage,* 520 kil. de pain livré à la ménagère, du 1er oct. au 31 déc., à raison de 30 f. 37 %	160		157	92
		A reporter......			678	21

DOIT FABRICATION

			folios		
	Report......			252	52
	de farine à fr. 28,75 % ....30 fr. 18				
	2° la valeur de son produit par la farine transformée en pain, soit 142 k. à fr 12 % 17,04			47	22
	Ce qui donne pour prix des 676 kilog. de pain fabriqué du 1er janvier au 30 avril....			205	30
	et pour prix des 100 kilog. le chiffre de 30 f. 37				
	A suivre :				
	Total au 30 avril....			252	52
1883-Septembre 30	à *Magasins*, 15 hect. de blé à fr. 20 l'hectolitre..	140		300	»
	158 fagots de sarment à fr. 6 %..........			9	48
	52 fagots de chêne » 15 %......			7	80
»	à *Caisse*, payement à un ouvrier pour 22 fournées de pain à fr. 1 l'une..........	158		22	»
	Mouture de 15 hectol. de blé à fr. 1,50 l'un.			22	50
	Ensemble......			614	30
	Nota.— Pour déterminer le *prix de revient* du pain fabriqué du 1er mai au 30 septembre, il faut déduire :				
	1° les *produits obtenus* (pain et son) au 30 av. soit.............. 222,34				
	2° la *val. de la farine* rest. en magasin, soit 331 kilog. à fr. 28,75 %.... 94,01			339	15
	3° la valeur du son de la farine transformée en pain, soit 190 k. à f. 12 % 22,80				
	Ce qui donne pour prix des 906 kilog. de pain fabriqué pendant ces cinq mois, la somme de...............				
	et, pour prix des 100 kil., le chiffre de 30,37			275	15
	A suivre :				
Décembre 31	Total au 30 septembre....			614	30
	à *Magasins*, 3 hectolitres de blé à fr. 20 l'un.....	140		60	»
	130 fagots de sarment à fr. 6 %..........			7	80
»	50 fagots de chêne » 15 %..........			7	50
	à *Caisse*, payement à un ouvrier pour 13 fournées de pain à fr. 1 l'une..........	158		13	»
	Mouture de 3 hectol de blé à fr. 1,50 l'hectol.			4	50
	Nota.— Le *prix de revient* du pain fabriqué du 1er octobre au 31 décembre, calculé par le même procédé que pour les neuf premiers mois de l'année, est de 30 fr. 37 les 100 kil.				
	Total de clôture....			707	10

DE PAIN   **AVOIR**

			folios		
		Report		678	21
1883-Décembre	31	par *Basse-cour*, 133 kilog. de son à fr. 12 % ...	154	15	96
	»	par *Magasins*, 45 kilog. de farine restant en magasin à la fin de l'année, à fr. 28,75 %	140	12	93
		Total de clôture		707	10

DOIT CULTURE

			folios		
1883-Avril	30	à *Caisse*, pour achat de semence..................	158	210	»
	»	à *Main-d'œuvre* (journ.), pour exécution des trav.	166	5	25
	»	à *Main-d'œuvre* (gagistes), ...idem.........	164	98	56
	»	à *Attelages chevaux,*..............idem.........	146	29	76
	»	à *Attelages bœufs,*..............idem.........	142	67	60
Juin	30	à *Main-d'œuvre* (journaliers),.....idem.........	166	60	»
	»	à *Attelages chevaux,*..............idem.........	146	12	40
		(suivant prix de la journ. du 1er j. au 30 avril)			
	»	à *Attelages bœufs,*.......... .....idem.........	142	45	50
	»	à *Engrais en terre*, montant de la fumure, suivant	180		
		répartition proportionnelle à la *surface*.....		185	60

NOTA.— Le poids du fourrage vert fourni par cette culture de vesces étant de 50400 kilog. et la dépense de 714 fr. 67, le *prix de revient* des *mille* kilog. est de 14 fr. 18.

Total de clôture.... | | 714 | 67 |

DOIT CULTURE DE

Avril	30	à *Caisse*, pour achat de semence..............	158	22	50
	»	à *Main-d'œuvre* (journ.), pour exécution des trav.	166	90	»
	»	à *Main-d'œuvre* (gagistes), ...idem..........	164	178	64
	»	à *Attelages chevaux,*............idem.........	146	89	28
	»	à *Attelages bœufs,*..............idem.........	142	72	80
Septembre	30	à *Main-d'œuvre* (journaliers).....idem.........	166	150	»
	»	à *Main-d'œuvre* (gagistes).......idem.........	164	81	38
	»	à *Attelages chevaux,*............idem.........	146	26	60
Octobre	31	à *Main-d'œuvre* (journaliers),.....idem.........	166	157	50
	»	à *Attelages bœufs,*..............idem.........	142	29	28
		(suivant prix de la journée du 1er mai au 30 septembre).			
	»	à *Attelages chevaux,*............idem.	146	42	56
Décembre	31	à *Main-d'œuvre* (gagistes),........idem........	164	82	50
	»	à *Engrais en terre*, pour fumure, suivant répartition	180	279	38
		proportionnelle à la *surface*.			

NOTA. — Le poids des racines fournies par cette culture étant de 110375 kilog. et la dépense de 1302 fr. 42, le *prix de revient* des *mille* kil. est de 11 fr. 80

Total de clôture.... | | 1302 | 42 |

DE VESCES   AVOIR

			folios		
1883-Juin	30	par *Vacherie*, 40100 kilog. de fourrage vert au prix de revient de fr. 14 18 $^{oo}/_{oo}$ kilog..	148	568	62
	»	par *Attelages bœufs*, 6800 kilog. de fourrage vert à fr. 14,18 $^{oo}/_{oo}$.......................	142	96	42
	»	par *Porcherie*, 3500 kilog. de fourrage vert à fr. 14,18 $^{oo}/_{oo}$...	152	49	63
		Total de clôture....		714	67

LA BETTERAVE   AVOIR

1883-Décembre	31	par *Magasins*, 110375 kilog. de racines, récoltées en octobre, au prix de revient de fr. 11 80 $^{oo}/_{oo}$	140	1302	42
		Total de clôture....		1302	42

DOIT   CULTURE

			folios		
1883-Avril	30	à *Caisse*, pour achat de semence................	158	15	»
	»	à *Main-d'œuvre* (journ.), pour exécution des trav.	166	24	»
	»	à *Main-d'œuvre* (gagistes),..... idem.........	164	120	12
	»	à *Attelages chevaux*,............idem.........	146	54	56
	»	à *Attelages bœufs*, ...idem.........	142	46	80
Septembre	30	à *Main-d'œuvre* (journaliers),....idem.........	166	24	»
	»	à *Main-d'œuvre* (gagistes),......idem.........	164	68	86
	»	à *Attelages chevaux*,............idem.........	146	15	96
Octobre	31	à *Main-d'œuvre* (journaliers),....idem.........	166	60	»
	»	à *Attelages chevaux*, ...idem.........	146	15	96
		(suivant prix de la journée du 1er mai au 30 septembre)			
	»	à *Attelages bœufs*, ...idem	142	9	76
Décembre	31	à *Main-d'œuvre* (gagistes), ...idem.........	164	33	»
	»	à *Engrais en terre*, montant de la fumure, suivant répartition proportionnelle à la *surface*....	180	153	26

NOTA.— Le poids des racines fournies par cette culture étant de 40080 kilog. et la dépense de 641 fr. 28, le *prix de revient* des *mille* kil. est de 16 fr.

Total de clôture.... | 641 | 28

DOIT   CULTURE

1883-Avril	30	à *Caisse*, pour achat de semence...............	158	12	»
	»	à *Main-d'œuvre* (gagist.), pour exécution des trav.	164	162	76
	»	à *Attelages chevaux*, ...idem.........	146	77	14
	»	à *Attelages bœufs*, ...idem.........	142	43	92
Novembre	30	à *Main-d'œuvre* (journaliers),....idem.........	166	30	»
	»	à *Attelages chevaux*,............idem.:........	146	31	92
		(suivant prix de la journée du 1er mai au 30 septembre).................			
	»	à *Attelages bœufs*,............idem.........	142	14	64
Déeembre	31	à *Main-d'œuvre* (gagistes),......idem	164	118	80
		à *Engrais en terre*, montant de la fumure, suivant répartition proportionnelle à la *surface*. ...	180	98	02

NOTA.— Le poids des racines fournies par cette culture étant de 60000 kilog., et la dépense de 589 fr. 20, le *prix de revient* des *mille* kil. est de 9 fr. 82

Total de clôture.... | 589 | 20

DE LA CAROTTE

AVOIR

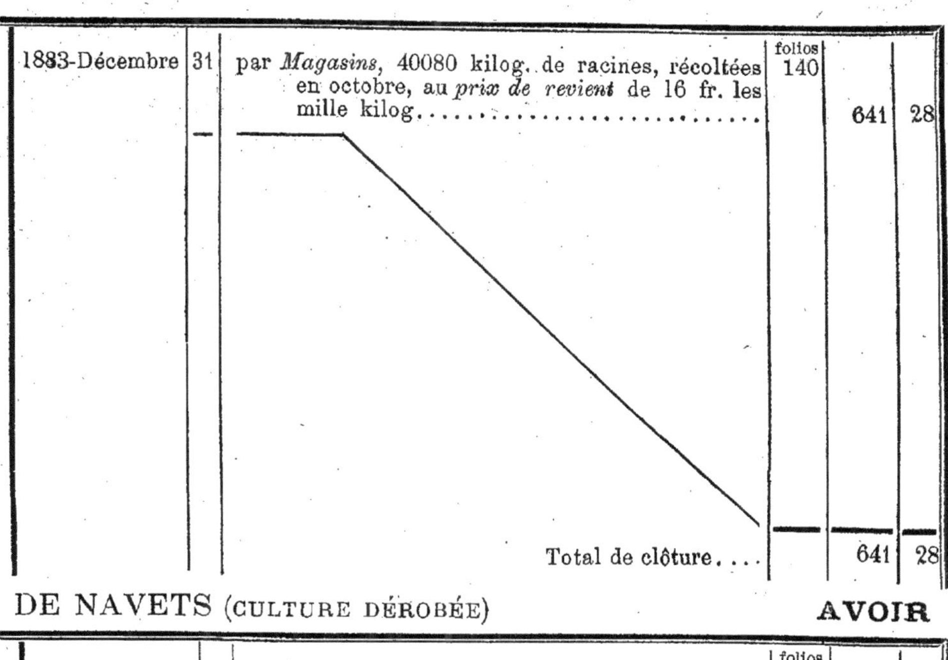

1883-Décembre	31	par *Magasins*, 40080 kilog. de racines, récoltées en octobre, au *prix de revient* de 16 fr. les mille kilog..............................	folios 140	641	28
		Total de clôture....		641	28

DE NAVETS (CULTURE DÉROBÉE)

AVOIR

1883 Décembre	31	par *Magasins*, 60000 kilog. de racines, récoltées en novembre, au prix de revient de 9 fr. 82 les mille kilog........................	folios 140	589	20
		Total de clôture....		589	20

DOIT CULTURE DE LA

			folios		
1883-Mars	24	à *Magasins,* pour semence....................	140	18	»
Avril	30	à *Main-d'œuvre* (gagist.), pour exécution des trav.	164	175	56
	»	à *Main-d'œuvre* (journaliers),.... idem.........	166	73	50
	»	à *Attelages chevaux,*............idem..........	146	62	»
	»	à *Attelages bœufs,*.............idem.... ...	142	57	20
Septembre	30	à *Main-d'œuvre* (gagistes),.......idem.........	164	31	30
	»	à *Main-d'œuvre* (journaliers),......idem.........	166	90	»
	»	à *Attelages chevaux,*............idem.........	146	10	64
	»	à *Attelages bœufs,*............idem.........	142	14	64
Décembre	31	à *Main-d'œuvre* (gagistes),..... .idem.........	164	26	40
	»	à *Main-d'œuvre* (journaliers),.....idem.........	166	24	»
	»	à *Attelages bœufs,*...........idem.........	142	20	16
	»	à *Chaulage,* pour amortis. des frais de chaulage.	180	72	21
	»	à *Engrais en terre,* pour frais de fumure, suivant répartition proportionnelle à la *surface....*	»	215	94
		Total des dépenses directes de culture....		891	55
	»	à *Frais généraux,* pour amortissement, suivant répartition proportionnelle au total des dépenses ci-dessus...................	182	194	70
		Total général des dépenses....		1086	25
	»	à *Pertes et profits,* solde en bénéfice..........	182	713	75

NOTA.— Pour déterminer le prix des 100 kilog. de pommes de terre récoltées, on diviserait le total des dépenses, 1086,25, par le poids total des tubercules, 30000 kilog., et on trouverait le chiffre de 3 fr. 62.

| | | Total de clôture.... | | 1800 | » |

DOIT CULTURE

			folios		
1883-Janvier	1er	à *Emblavures,* pour avances au sol en 1882......	156	800	»
Avril	30	à *Main-d'œuvre* (gagistes), pour exécution des travaux....................(sarclage)	164	18	48
	»	à *Main-d'œuvre* (journaliers),.....idem....id....	166	27	»
Septembre	30	à *Main-d'œuvre* (gagistes),.......idem.........	164	178	41
	»	à *Main-d'œuvre* (journaliers), ...idem.........	166	1175	»
	»	à *Attelages chevaux,*............idem.........	146	31	92
	»	à *Attelages bœufs,*............idem.........	142	24	40
	»	à *Engrais en terre,* pour frais de fumure, suivant répartition proportionnelle à la *surface....*	180	825	60
		Total des dépenses directes de culture.....		3080	81
	»	à *Frais généraux,* pour amortis. suivant répartition proportion. au total des dépenses ci-dessus.	182	732	65
		Total général des dépenses....		3813	46
	»	à *Profits et pertes,* solde en bénéfice..........	182	936	54

NOTA. — Pour déterminer le *prix de revient* de l'hectolitre de blé récolté, il faut déduire, du total des dépenses, 3813 fr. 46, la valeur de la paille, comptée au *prix du jour de l'emmagasinage,* soit pour 3000 kilog. à 2 f. 50 %, la somme de 750 fr., et diviser la différence, 3063,46, par le nomb. d'hect. de blé, soit par 200, ce qui donne le chif.de 15 f. 31

| | | Total de clôture.... | | 4750 | » |

DE POMME DE TERRE   AVOIR

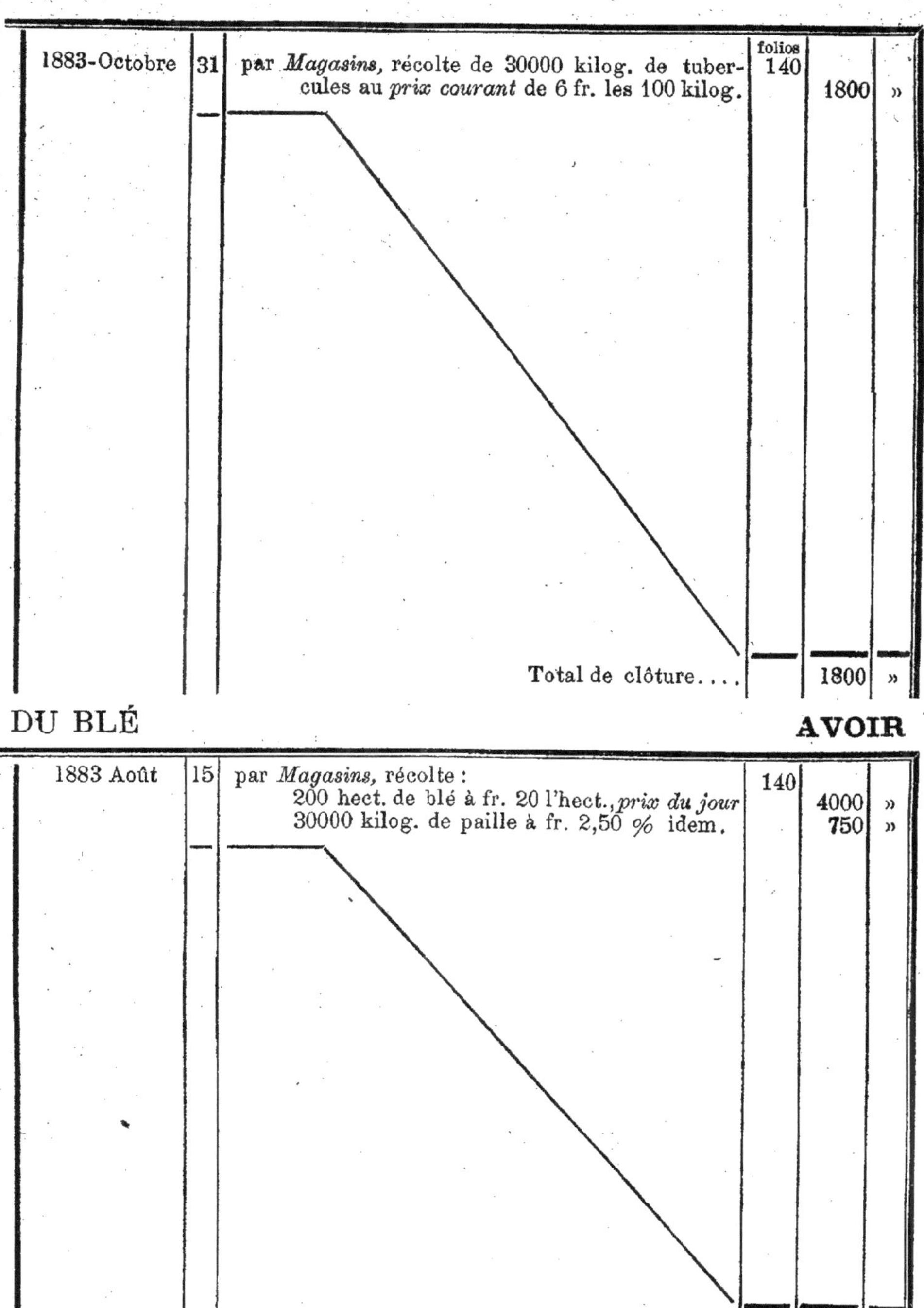

1883-Octobre	31	par *Magasins,* récolte de 30000 kilog. de tuber- cules au *prix courant* de 6 fr. les 100 kilog.	folios 140	1800	»
		Total de clôture....		1800	»

DU BLÉ   AVOIR

1883 Août	15	par *Magasins,* récolte : 200 hect. de blé à fr. 20 l'hect., *prix du jour* 30000 kilog. de paille à fr. 2,50 % idem.	140	4000 750	» »
		Total de clôture....		4750	»

DOIT · CULTURE

			folios		
1883-Janvier	1er	à *Emblavures*, pour avances au sol en 1882.....	156	180	»
Mars	24	à *Magasins*, pour semence.................	140	160	»
Avril	30	à *Main-d'œuvre* (gagist.), pour exécution des trav.	164	113	96
	»	à *Main-d'œuvre* (journaliers),....idem........	166	9	»
	»	à *Attelages chevaux*,...........idem.........	146	64	48
	»	à *Attelages bœufs*, ...idem.........	142	57	20
Septembre	»	à *Main-d'œuvre* (gagistes),.......idem.........	164	109	55
	»	à *Main-d'œuvre* (journaliers),....idem.........	166	259	»
	»	à *Attelages chevaux*,........ ....idem.........	146	15	96
	»	à *Attelages bœufs*,.............idem.........	142	4	88
	»	à *Engrais en terre*, pour frais de fumure, suivant répartition proportionnelle à la *surface*....	180	413	50
	»	Total des dépenses directes de culture....		1387	53
		à *Frais généraux*, pour amortissement, suivant répartition proportionnelle au total des dépenses ci-dessus.........................	182	329	92
		Total général des dépenses....		1717	45
	»	à *Pertes et profits*, solde en bénéfice...........	182	692	55

NOTA.— Pour déterminer le *prix de revient* de
l'hectolitre d'avoine, on opérerait exactement
comme pour le blé, et on trouverait le chiffre de 6 fr. 70.

		Total de clôture....		2410	»

DOIT · CULTURE

1883-Janvier	1er	à *Emblavures*, pour avances au sol en 1882.....	158	185	»
Septembre	30	à *Main-d'œuvre* (gagist.), pour exécution des trav.	164	59	47
	»	à *Main-d'œuvre* (journaliers), ...idem........	166	222	»
	»	à *Attelages chevaux*,...........idem........	146	21	28
	»	à *Attelages bœufs*,..............idem.........	142	19	52
	»	à *Engrais en terre*, pour frais de fumure, suivant répartition proportionnelle à la *surface*....	180	413	50
		Total des dépenses directes de culture....		920	77
	»	à *Frais généraux*, pour amortissement, suivant répartition proportionnelle au total des dépenses ci-dessus.........................	182	218	65
		Total général des dépenses....		1139	42
	»	à *Pertes et profits*, solde en bénéfice...........	182	660	58

NOTA.— Le total général des dépenses étant de
1139 fr. 42 et le produit de 30000 kilog., le
prix de revient de ce fourrage sec est de
3 fr. 79 les 100 kilog.

		Total de clôture....		1800	»

D'AVOINE   AVOIR

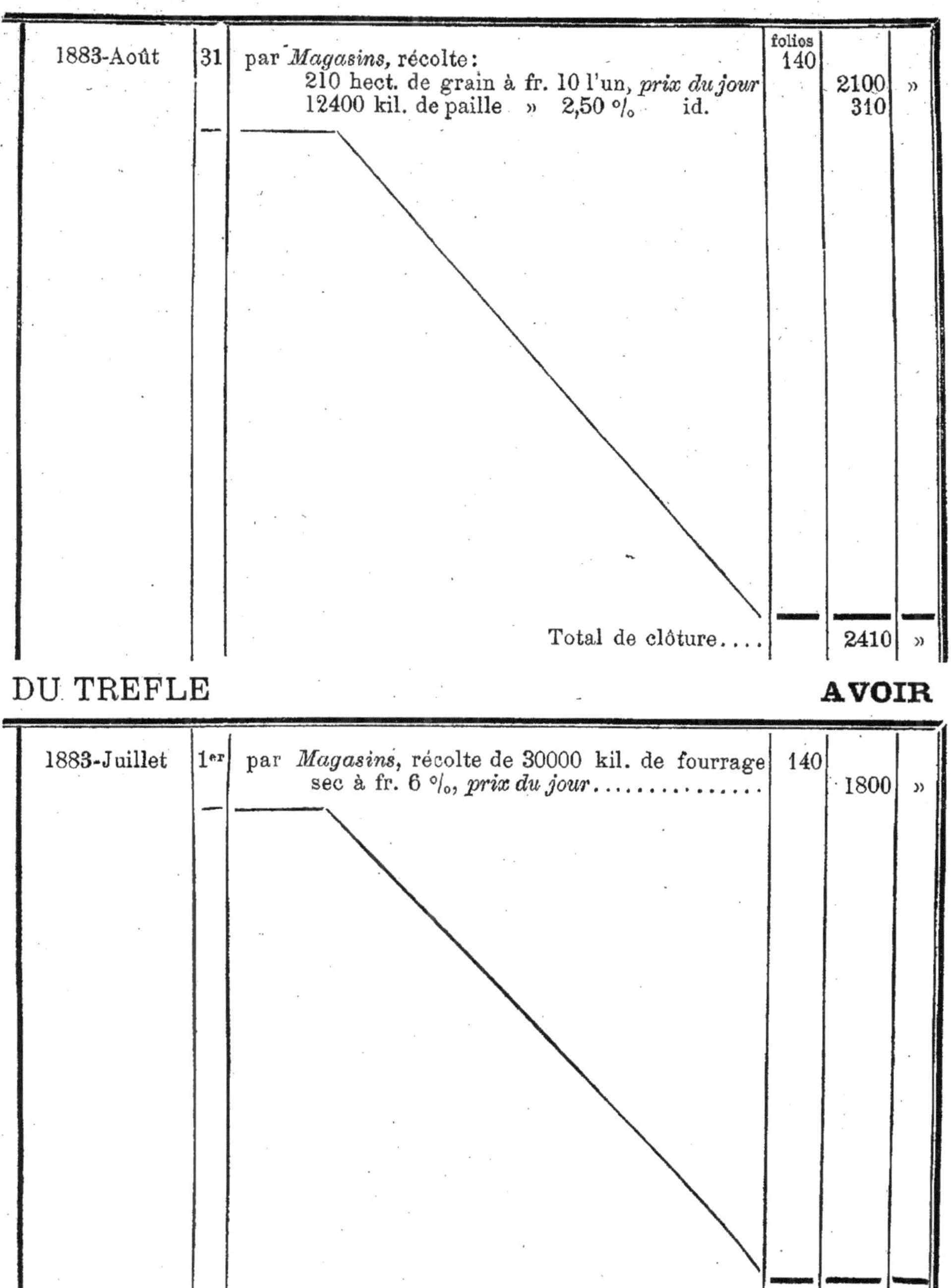

1883-Août	31	par *Magasins*, récolte :	folios 140	2100	»
		210 hect. de grain à fr. 10 l'un, *prix du jour*		2100	
		12400 kil. de paille » 2,50 °/₀ id.		310	
		Total de clôture....		2410	»

DU TREFLE   AVOIR

1883-Juillet	1ᵉʳ	par *Magasins*, récolte de 30000 kil. de fourrage sec à fr. 6 °/₀, *prix du jour*..............	140	1800	»
		Total de clôture....		1800	»

DOIT PRAIRIES

1883-Avril	30	à *Main-d'œuvre* (gagist.), pour exécution des trav.	folios 164	64	68
	»	à *Main-d'œuvre* (journaliers), ...idem.........	166	54	»
Septembre	30	à *Main-d'œuvre* (gagistes), ...idem.........	164	159	63
	»	à *Main-d'œuvre* (journaliers), ...idem.........	166	235	
	»	à *Attelages chevaux*, ...idem.........	146	63	84
	»	à *Attelages bœufs*, ...idem.........	142	43	92
		Total général des dépenses directes de cult.		621	07
	»	à *Frais généraux*, pour amortissement, suivant répartition proportionnelle au total des dépenses ci-dessus........................	182	148	67
		Total général des dépenses....		769	74
	»	à *Pertes ou profits*, solde en bénéfice...........	182	1630	26

NOTA.— Le total général des dépenses étant de 768 fr. 82 et le produit de 40000 kilog., le *prix de revient* des 100 kil. de foin est 1 f. 92.

Total de clôture.... 2400 »

DOIT CULTURE

1883-Avril	30	à *Main-d'œuvre* (gagist.), pour exécution des trav.	164	286	44
	»	à *Main-d'œuvre* (journaliers),.....idem.........	166	231	»
	»	à *Attelages chevaux*, ...idem.........	146	79	36
	»	à *Attelages bœufs*, ...idem.........	142	15	60
Septembre	30	à *Main-d'œuvre* (gagistes), ...idem.........	164	266	05
	»	à *Main-d'œuvre* (journaliers), ...idem.........	166	277	50
	»	à *Attelages chevaux*, ...idem.........	146	117	04
	»	à *Attelages bœufs*, ...idem.........	142	36	60
Décembre	31	à *Main-d'œuvre* (gagistes), ...idem........	164	13	20
	»	à *Main-d'œuvre* (journaliers), ...idem.........	166	24	»
		Total des dépenses directes de culture....		1346	79
	»	à *Frais généraux*, pour amortis., suivant répart. proportion. au total des dépenses ci-dessus..	182	320	52
		Total général des dépenses....		1667	31
	»	à *Pertes et profits*, solde en bénéfice...........	182	1922	69

NOTA.— En déduisant la valeur du sarment, soit 90 fr., du total général des dépenses, il reste 1577 fr. 31 pour frais de production de 175 hectol. de vin, ce qui donne un *prix de revient* de 9 fr. 01 par hectolitre.

Total de clôture.... 3590 »

DOIT JARDIN

1883-Avril	à *Main-d'œuvre* (journal.), pour exécution des trav.	166	54	»
Septembre	à *Main-d'œuvre* (journaliers),....idem.........	»	33	»
	Total de clôture....		87	»

NATURELLES

AVOIR

			folios		
1883-Juillet	15	par *Magasins*, récolte de 40000 kilog. de foin à fr. 6 %, *prix du jour*....................	140	2400	»
		Total de clôture....		2400	»

DE LA VIGNE

AVOIR

1883-Avril	30	par *Magasins*, récolte de 1500 fagots de sarment à fr. 6 %, *prix du jour*..................	140	90	»
Novembre	30	par *Magasins*, récolte de 175 hectolitres de vin à fr. 20 l'un, *prix du jour*..............	»	3500	»
		Total de clôture....		3590	»

JARDIN

AVOIR

1883-Avril	par *Ménage*, produits consommés..............	160	27	»
Septembre	par *Ménage*,......idem...................	»	45	»
Décembre	par *Ménage*,......idem...................	»	15	»
	Total de clôture....		87	»

DOIT CHEMINS

			folios		
1883-Septembre	30	à *Main-d'œuvre* (gagistes), pour travaux d'entretien	164	62	60
»	»	à *Attelages chevaux,* ....idem...........	146	31	92
Décembre	31	à *Main-d'œuvre* (gagistes),....idem...........	164	33	»
		Total de clôture....		127	52

DOIT CHAULAGE

Avril	30	à *Caisse,* pour achat de chaux.................	158	500	»
	»	à *Main-d'œuvre* (gag.), pour travaux de chaulage	164	67	76
	»	à *Attelages chevaux,*............idem........	146	9	92
		Total de clôture....		577	68

DOIT ENGRAIS

1883-Janvier	1er	à *Invent. d'entrée,* fumier mis en terre en aut. 1882, pour culture du blé en 1883...............	140	175	»
Avril	30	à *Magasins,* pour fumures, savoir :	»		
		Culture de vesces, 44300 kilog. de fumier, à raison de 7 fr. les mille kilog., prix de l'inventaire d'entrée......................		310	10
		Culture de la carotte, 43200 kilog. de fumier, à raison de 7 fr. les mille kilog., prix de l'inventaire d'entrée......................		302	40
		Culture de la betterave, 62500 kilog. de fumier, à raison de 7 fr. les mille kilog, prix de l'inventaire d'entrée = 437,50 et 44375 kilogr. de fumier, produit du 1er janvier au 30 avril, au *prix moyen de revient,* soit à fr. 11,837 les mille kilog.................... 525,45		962	95
		Culture de la pomme de terre, 70500 kilog. de fumier, produit du 1er janvier au 30 avril, au *prix moyen de revient* de fr. 11,837 les mille kilog...................		834	35
Décembre	31	à *Magasins,* fumier mis en terre à l'automne 1883 pour culture du blé en 1884, soit 30000 kil., produit à partir du 1er mai, au *prix moyen de revient* de 8 fr. 21 les mille kilog.......	»	246	30
		Total de clôture....		2831	10

CHEMINS   AVOIR

			folios		
1883-Décembre	31	par *Frais généraux*, dépense à répartir..........	182	127	52
		Total de clôture....		127	52

CHAULAGE   AVOIR

1883 Décembre	31	par *Culture de la pomme de terre*, amortissement des frais de chaulage par la culture de la pomme de terre faite cette année sur le terrain chaulé, à raison de 1⁄8 de la dépense.	174	72	21
	»	par *Inventaire de sortie*, frais de chaulage restant à amortir par les cultures des années suivantes	184	505	47
		Total de clôture....		577	68

EN TERRE   AVOIR

1883 Juin	30	par *Culture de vesces*, amortissement des frais de fumure suivant répartition proportionnelle à l'étendue des cultures..................	170	185	60
Septembre	30	par *Culture du trèfle*, ...idem............ .	176	413	50
Décembre	31	par *Culture du blé*, ...idem	174	825	60
	»	par *Culture d'avoine*, ...idem............	176	413	50
	»	par *Culture de la pom. de terre*,idem............	174	215	94
	»	par *Culture de la betterave*, ...idem....	170	279	38
	»	par *Culture de la carotte*, ...idem............	172	153	26
	»	par *Culture de navets*, ...idem............	»	98	02
	»	par *Inventaire de sortie*, fumier mis en terre à l'automne 1883 pour culture du blé en 1884...	184	246	30
		Total de clôture....		2831	10

DOIT FRAIS

			folios		
1883-Avril	30	à *Attelages bœufs*, somme fractionnaire à répartir	142	1	40
	»	à *Attelages chevaux*,............idem..........	146	1	44
	»	à *Vacherie*,....................idem..........	148	»	30
	»	à *Main-d'œuvre* (gagistes),......idem..........	164	2	15
	»	à *Caisse*, assurance contre l'incendie et impositions	158	460	»
Septembre	30	à *Attelages bœufs*, somme fractionnaire à répartir	142	1	23
	»	à *Attelages chevaux*,............idem..........	146	»	90
	»	à *Vacherie*,...................idem..........	148	»	67
	»	à *Ménage*,....................idem..........	160	3	16
	»	à *Main-d'œuvre* (gagistes),......idem..........	164	»	72
Décembre	31	à *Matériel d'exploitation*, dépréciation du matériel	142		
	»	pendant l'année........................		853	»
	»	à *Attelages bœufs*, somme fractionnaire à répartir	»	»	53
	»	à *Attelages chevaux*............idem..........	146	»	38
	»	à *Attelages chevaux*, dépréciation pendant l'année	»	150	»
	»	à *Vacherie*, somme fractionnaire à répartir......	148	»	38
	»	à *Ménage*,............idem................	160	2	62
	»	à *Main-d'œuvre* (gagistes), idem..............	164	»	71
	»	à *Chemins*, frais d'entretien à répartir..........	180	127	52
	»	à *Caisse*, entretien des bâtiments, médicaments et	158		
		divers..................................		338	»
		Total de clôture....		1945	11

DOIT PERTES ET

1883-Décembre	31	à *Magasins*, pour différence entre le prix de production du fumier et la valeur pour laquelle ce fumier a été porté à l'inventaire au 31 déc.	140	»	79
		à *Capital net*, bénéfice de l'année..............		»	8098	05

OBSERVATIONS. — Ce chiffre de 8098,05, indiquant le bénéfice total réalisé pour une année de culture, doit être diminué de la valeur du *loyer du sol*, si l'on veut avoir la somme représentant le produit du travail du *propriétoire exploitant*, ou le bénéfice du *fermier* après qu'il aura payé son fermage.

Si ce fermage, ou loyer du sol, est de 4000 fr., par exemple, le propriétaire a gagné 4.098 fr. 05 en exploitant lui-même son domaine, tandis que c'est au fermier que revient ce bénéfice si ce domaine a été loué

		Total de clôture....		8098	84

GÉNÉRAUX AVOIR

1883-Décembre	31	par *Culture du blé*, amortissement suivant réparti-tion proportionnelle à la dépense faite pour cette culture............................	folios 174	732	65
	»	par *Culture de l'avoine*,......... idem.........	176	329	92
	»	par *Culture de ta pomme de terre*,. idem.........	174	194	70
	»	par *Culture du trèfle*,............ idem.........	176	218	65
	»	par *Culture de la vigne*,......... idem.........	178	320	52
	»	par *Prairies naturelles*,.......... idem.........	»	148	67
		Total de clôture....		1945	11

PROFITS AVOIR

1883-Décembre	31	par *Magasins*, excédants des prix de vente sur les prix d'emmagasinage....................	140	575	75
	»	par *Porcherie*, excédant des produits sur les dépens.	152	793	37
	»	par *Basse-cour*,................idem..........	154	173	35
	»	par *Culture de la pomme de terre*,. idem..........	174	713	75
	»	par *Culture du blé*,............ iàem..........	»	936	54
	»	par *Culture de l'avoine*,........ idem..........	176	692	55
	»	par *Culture du trèfle*,........... idem..........	»	660	58
	»	par *Culture de la vigne*,........ idem..........	178	1922	69
	»	par *Prairies naturelles*,.........idem..........	»	1630	26
		Total de clôture....		8098	84

DOIT INVENTAIRE

				folios		
1883-Décembre	31	à *Magasins*, voir les détails à l'inventaire.	140	16856	33
	»	à *Matériel d'exploitation*, ... idem.	142	7250	»
	»	à *Attelages bœufs*, ...idem.	»	2400	»
	»	à *Attelages chevaux*, ...idem.	146	2450	»
	»	à *Vacherie*, ...idem.	148	7300	»
	»	à *Porcherie*, ...idem	152	1160	»
	»	à *Basse-cour*, ...idem.	154	105	»
	»	à *Emblavures, blé* 1884, ...idem.	156	1180	41
	»	à *Emblavures, avoine* 1884. . . .idem.	»	211	32
	»	à *Culture du trèfle* 1884, ...idem.	158	195	75
	»	à *Culture de la carotte* 1884, . . .idem.	»	117	27
	»	à *Culture de la betterave* 1884, .idem.	»	270	36
	»	à *Chaulage*, ...idem.	180	505	47
	»	à *Caisse*, ...idem.	158	5134	84
	»	à *Débiteurs divers*, ...idem.	»	1100	»
	»	à *Engrais en terre* . . . . .idem.	180	246	30
		Total de clôture			46483	05

DE SORTIE

AVOIR

				folios		
1883-Décembre	31	par *Capital net*, mon actif moins mon passif.....		140	45478	05
	»	par *Créanciers divers*, mon passif		»	1005	
			Total de clôture		46483	05

CONCLUSION

L'application des principes que nous avons suivis pour établir notre exemple de Comptabilité agricole nous permet de conclure que toutes les opérations de la ferme peuvent, quand on le veut, être l'objet d'une analyse pratiquement exécutée.

Les faits comptables journaliers de l'exploitation du sol sont assez nombreux et assez variés pour qu'il soit utile d'avoir des livres spéciaux qui permettent de les enregistrer facilement et de les classer. Ce travail est fort peu de chose, lorsqu'il se fait en temps opportun, c'est-à- dire à mesure que les faits se produisent et qu'on peut aisément les apprécier. Il constitue une occupation assez insignifiante, à cause de sa répartition sur presque tous les jours de l'année.

Lorsque les opérations de la ferme sont notées régulièrement et qu'elles sont représentées par des chiffres pratiquement déterminés, rien n'est plus facile que d'établir, au Grand-Livre, les comptes qui doivent faire ressortir les résultats obtenus.

Les chiffres représentant les valeurs comptables sont fournis, soit directement, pour les sommes payées ou reçues en espèces; soit par les prix commerciaux, pour les denréesé changeables; soit par les prix de revient, pour les denrées de transformation, telles que les récoltes des fourrages verts, par exemple, qui ne peuvent être évaluées que d'après les frais qui ont été faits pour les produire.

En employant les prix de revient pour apprécier la valeur des produits qui ne sont pas cotés sur le marché, on ne fait qu'enregistrer la dépense qu'ils ont occasionnée, pour la faire payer aux spéculations qui en ont profité. Et c'est une erreur de croire qu'on arrive par ce procédé d'évaluation, appliqué seulement aux denrées qui ne peuvent être utilisées que dans la ferme, à inscrire des valeurs fictives dans la comptabilité;

ce sont, au contraire, des valeurs exprimant la réalité des faits. Les matières de la production agricole, auxquelles les prix de revient doivent être appliqués, ne sont autre chose que des matières premières qui doivent nécessairement être employées pour le service de l'exploitation, parce que c'est là leur seule utilité.

A l'époque où se fait l'inventaire de sortie, une partie des matières de transformation reste encore disponible pour les cultures de l'année suivante, et on doit en tenir compte à l'actif de l'année qui finit. C'est, en effet, une avance que l'exploitant possède et qui lui est nécessaire pour la continuation de ses opérations. A ce même inventaire doivent aussi se trouver inscrites les valeurs représentées par les travaux et les ensemencements qui ne profiteront qu'aux cultures de l'année suivante. Toutes ces sommes font partie du capital d'exploitation et représentent des provisions indispensables à la marche régulière des spéculations entreprises dans la ferme, au même titre que les autres valeurs dont ce capital se compose.

On doit donc considérer le montant des avances nécessitées par la nature des opérations agricoles comme une valeur disponible au 31 décembre, et qui sera mise en œuvre le 1er janvier qui suit. Si l'exploitation change de main à cette date, le successeur devra nécessairement en tenir compte à l'exploitant qu'il remplace, sauf évaluation contradictoire. Lorsqu'il s'agira d'une exploitation par fermage, le chiffre de ces avances servira de base à l'évaluation de l'*indemnité due au fermier sortant*.

TABLE DES MATIÈRES

Montpellier, Imp. cent. du Midi.— Hamelin Frères

www.ingramcontent.com/pod-product-compliance
Ingram Content Group UK Ltd.
Pitfield, Milton Keynes, MK11 3LW, UK
UKHW022220120726
13694UKWH00002B/626

9 782013 443289